Jean Paul

Des Feldpredigers Schmelzle Reise nach Flätz

mit fortgehenden Noten

Jean Paul

Des Feldpredigers Schmelzle Reise nach Flätz
mit fortgehenden Noten

ISBN/EAN: 9783743476615

Hergestellt in Europa, USA, Kanada, Australien, Japan

Cover: Foto ©ninafisch / pixelio.de

Weitere Bücher finden Sie auf **www.hansebooks.com**

Des
Feldpredigers Schmelzle
Reise nach Fläz

mit fortgehenden Noten;

nebst

der Beichte des Teufels

bei

einem Staatsmanne.

Von

Jean Paul.

Leipzig,
Druck und Verlag von Philipp Reclam jun.

Vorrede.

Ich glaube, mit drei Worten ist sie gemacht, so wie der Mensch und seine Buße aus eben so vielen Theilen.

1) Das erste Wort ist über den Cirkelbrief des Feldpredigers Schmelzle zu sagen, worin er seinen Freunden seine Reise nach der Hauptstadt Flätz beschreibt, nachdem er in einer Einleitung einige Beweise und Versicherungen seines Muthes vorausgeschickt. Eigentlich ist selber die Reise nur dazu bestimmt, seine vom Gerüchte angefochtene Herzhaftigkeit durch lauter Thatsachen zu bewähren, die er darin erzählt. Ob es nicht inzwischen feine Nasen von Lesern geben dürfte, welche aus einigen darunter gerade umgekehrt schließen, seine Brust sei nicht überall bombenfest, wenigstens auf der linken Seite, darüber laß ich mein Urtheil schweben.

Uebrigens bitte ich die Kunstkenner, so wie ihren Nachtrab, die Kunstrichter, diese Reise, für deren Kunstgehalt ich als Herausgeber verantwortlich werde, blos für ein Portrait (im französischen Sinne), für ein Charakterstück zu halten. Es ist ein will- oder unwillkührliches Luststück, bei dem ich so oft gelacht, daß ich mir für die Zukunft ähnliche Charakter-Gemälde zu machen vorgesetzt. — Wann könnte indeß ein solches Luststückchen schicklicher der Welt ausgestellt und bescheret werden, als eben in Zeiten, wo schweres Geld und leichtes Gelächter fast ausgeklungen haben, zumal da wir jetzt wie Türken, blos mit Beuteln rechnen und zahlen (der Inhalt ist heraus) und mit Herzbeuteln (der Inhalt ist darin)? —

Verächtlich würde mir's vorkommen, wenn irgend ein roher Tintenknecht rügend und öffentlich anfragte, auf welchen Wegen ich zu diesem Selbst-Cabinets-Stücke Schmelzle's gekommen sei. Ich weiß sie gut und sage sie nicht.

Dieses fremde Luststück, wofür ich allerdings (mein Verleger bezeugt's) den Ehrensold selber beziehe, überkam ich so rechtlich, daß ich unbeschreiblich ruhig erwarte, was der Feldprediger gegen die Herausgabe sagt, falls er nicht schweigt. Mein Gewissen bürgt mir, daß ich wenigstens auf ehrlichern Wegen zu diesem Besitzthume gekommen, als die sind, auf denen Gelehrte mit den Ohren stehlen, welche als geistige Hörsaals-Hausdiebe, und Katheder-Schnapphähne und Kreuzer die erbeuteten Vorlesungen in den Buchdruckereien ausschiffen, um sie im Lande als eigne Erzeugnisse zu verhandeln. Noch hab' ich wenig mehr in meinem Leben gestohlen, als jugendlich zuweilen — Blicke.

2) Das zweite Wort soll die auffallende mit einem Noten-Souterrain durchbrochne Gestalt des Werkleins entschuldigen. Sie gefällt mir selber nicht. Die Welt schlage auf und schaue hinein, und entscheide ebenfalls. Aber folgender Zufall zog diese durch das ganze Buch streichende Theilungslinie: ich hatte meine eignen Gedanken (oder Digressionen), womit ich die des Feldpredigers nicht stören durfte, und die blos als Noten hinter der Linie fechten konnten, aus Bequemlichkeit in ein besonderes Manuscript zusammen geschrieben, und jede Note ordentlich, wie man sieht, mit ihrer Nummer versehen, die sich blos auf die Seitenzahl des fremden Haupt-Manuscripts bezog; ich hatte aber bei dem Copieren des letztern vergessen, in den Text selber die entsprechende einzuschreiben. Daher werfe Niemand, so wenig als ich, einen Stein auf den guten Setzer, daß dieser — vielleicht in der Meinung, es gehöre zu meiner Manier, worin ich etwas suchte — die Noten gerade so, wie sie ohne Rangordnung der Zahlen untereinander standen, unter den Text hinsetzte, jedoch durch ein sehr lobenswürdiges künstliches Ausrechnen wenigstens dafür sorgte, daß unter jede Text-Seite etwas von solchem glänzenden Noten-Niederschlag käme. — — Nun, die Sache ist einmal geschehen, ja verewigt, nämlich gedruckt. Am Ende sollte ich mich eigentlich darüber erfreuen. In der That — und hält' ich Jahre lang daran gesonnen (wie ich's bisher seit zwanzigen gethan) um für meine Digressions-Kometenferne neue Licht-Hülsen, wenn nicht Zug-Sonnen

für meine Episoden neue Epopöen zu erdenken: schwerlich hätt' ich für solche Sünden einen bessern und geräumigern Sündenbalg erfunden, als hier Zufall und Setzer fertig gemacht darreichen. Ich habe nur zu beklagen, daß die Sache gedruckt worden, eh' ich Gebrauch davon machen können. Himmel! welche fernsten Anspielungen (hätt' ich's vor dem Drucke gewußt) wären nicht in jeder Text=Seite und Noten=Nummer zu verstecken gewesen, und welche scheinbare Unangemessenheit in die wirkliche Gemessenheit und ins Noten=Untere der Karten; wie empfindlich und boshaft wäre nicht in die Höhe und auf die Seite heraus zu hauen gewesen, aus den sichern Kasematten und Miniergängen unten, und welche laesio ultra dimidium (Verletzung über die Hälfte des Textes) wäre nicht mit satirischen Verletzungen zu erfüllen und zu ergänzen gewesen!

Aber das Schicksal wollte mir nicht so gut; ich sollte von diesem goldenen Handwerks=Boden für Satiren erst etwas erfahren drei Tage vor der Vorrede.

Vielleicht aber holt die Schreibwelt — bei dem Flämmchen dieses Zufalls — eine wichtigere Ausbeute, einen größern unterirdischen Schatz herauf, als leider ich gehoben; denn nun ist dem Schriftsteller ein Weg gezeigt, in Einem Marmorbande ganz verschiedene Werke zu geben, auf Einem Blatte zugleich für zwei Geschlechter, ohne deren Vermischung, ja für fünf Facultäten zugleich, ohne deren Grenzverrückung, zu schreiben, indem er, statt ein ekles gährendes Allerlei für Niemand zu brauen, blos dahin arbeitet, daß er Noten=Linien oder Demarcationslinien zieht und so, auf dem nämlichen fünfstöckigen Blatte die unähnlichsten Köpfe behauset und bewirthet. Vielleicht läse dann Mancher ein Buch zum vierten Male, blos weil er jedes Mal nur ein Viertel gelesen.

3) Das dritte Wort hat blos zu sagen, daß die Beichte des Teufels bei einem Staatsmanne ein unschuldiger Kalender=Anhang des Buches sein soll, der kein Beichtsiegel erbricht.

Wenigstens den Werth hat dieses Werk, daß es ein Werkchen ist, und klein genug; so daß es, hoff' ich, jeder Leser fast schon im Buchladen schnell durchlaufen und auslesen kann, ohne es wie ein dickes erst deshalb kaufen zu müssen. — Und warum soll denn überhaupt auf der Körperwelt etwas Anderes groß sein, als nur Das, was nicht zu ihr gehört, die Geisterwelt? —

Bayreuth,
im Heu- und Friedens-Monat, 1807.

Jean Paul Fr. Richter.

Cirkelbrief

des

vermuthlichen katechetischen Professors,

Attila Schmelzle,

an seine Freunde,

eine Ferien-Reise nach Fläz enthaltend, sammt einer Einleitung, sein Davonlaufen und seinen Muth als voriger Feldprediger betreffend.

Nichts ist wol lächerlicher, meine werthen Freunde, als wenn man einen Mann für einen Hasen ausgibt, der vielleicht gerade mit den entgegengesetzten Fehlern eines Löwen kämpft, wiewol nun auch der afrikanische Leu seit Sparrmanns Reise als ein Feigling circulirt. Ich bin indeß in diesem Falle, Freunde, wovon ich später reden werde, ehe ich meine Reise beschreibe. Ihr freilich wißt alle, daß ich gerade umgekehrt den Muth und den Waghals (ist er nur sonst kein Grobian) vergöttere, z. B. meinen Schwager den Dragoner, der wol nie in seinem Leben einen Menschen allein ausgeprügelt, sondern immer einen ganzen geselligen Cirkel zugleich. Wie furchtbar war nicht meine Phantasie schon in der Kindheit, wo ich, wenn der Pfarrer die stumme Kirche in Einem fort anredete, mir oft den Gedanken: „wie wenn du jetzt geradezu aus dem Kirchenstuhle hinauf schrieest: ich bin auch da, Herr Pfarrer!" so glühend ausmalte, daß ich vor Grausen hinaus mußte! — So etwas wie Rugendas Schlachtstücke — entsetzliches Mordgetümmel — Seetreffen und Laub-

---

103) Gute Fürsten bekommen leicht gute Unterthanen (nicht so leicht diese jene); so wie Adam im Stande der Unschuld die Herrschaft über die Thiere hatte, die alle zahm waren und blieben, bis sie blos mit ihm verwilderten und fielen.

stürme bei Toulon — auffliegende Flotten — und in der
Kindheit Prager Schlachten auf Clavieren — und kurz,
jede Karte von einem reichen Kriegs-Schauplatz; dies sind
vielleicht zu sehr meine Liebhabereien und ich lese — und
kaufe nichts lieber; es könnte mich oft zu Manchem versuchen, hielte mich nicht meine Lage aufrecht. Soll indeß
rechter Muth etwas Höheres sein, als bloses Denken und
Wollen: so genehmigt Ihr es am ersten, Wertheste, wenn
auch der meinige einst dadurch in thätige Worte ausbrechen
will, daß ich meine künftigen Katecheten, so gut es in Vorlesungen möglich, zu christlichen Heroen stähle. — Es ist
bekannt, daß ich immer, wenigstens zehn Acker weit, von
jedem Ufer voll Badgäste und Wasserschwimmer fern spa-
zieren gehe, um für mein Leben zu sorgen, blos weil ich
gewiß voraussehe, daß ich, falls einer davon ertrinken
wollte, ohne weiteres (denn das Herz überflügelte den
Kopf) ihm, dem Narren, rettend nachspringen würde, in
irgend eine bodenlose Tiefe hinein, wo wir beide ersöffen.
— Und wenn das Träumen der Widerschein des Wachens
ist, so frag' ich euch Treue, erinnert ihr euch nicht mehr,
daß ich euch Träume von mir erzählt habe, deren sich kein
Cäsar, Alexander und Luther schämen darf? Hab' ich nicht
— um nur an einige zu erinnern — Rom gestürmt und
mich mit dem Papste und dem Elephantenorden des Cardi-
nal-Collegiums zugleich duellirt? Bin ich nicht zu Pferde,
worauf ich als Revue-Zuschauer gesessen, in ein bataillon
quarré eingebrochen, und habe in Aachen die Perücke Karls
des Großen, wofür die Stadt jährlich 10 Rthlr. Frisier-
geld zahlt, und darauf in Halberstadt von Gleim Fried-
richs Hut erobert, und beide auseinander aufgesetzt, und
habe mich doch noch umgekehrt, nachdem ich vorher auf
einem erstürmten Walle die Kanone gegen den Kanonier
selber umgekehrt? — Habe ich nicht mich beschneiden und
doch als Jude mich zählen lassen, und mit Schinken be-

---

5) Denn ein guter Arzt rettet, wenn nicht immer von der Krankheit,
doch von einem schlechten Arzte.
100) Die Bücher liegen voll Phönixasche eines tausendjährigen Reichs
und Paradieses; aber der Krieg weht und viel Asche verstäubt.

wirthen, wiewol's Affenschinken am Orinoko waren (nach Humboldt)? Und tausend dergleichen; denn z. B. den Flätzer Consistorial-Präsidenten hab' ich aus dem Schloßfenster geworfen — Knall- oder Allarmsfidibus von Heinrich Backofen in Gotha, das Dutzend zu 6 Gr., und jeder wie eine Kanone knallschlagend, hab' ich so ruhig angehört, daß die Fibibus mich nicht einmal aufweckten — und mehr.

Doch genug! Es ist Zeit, mit Wenigem die Verleumdung meines Feldpredigeramtes, die leider auch in Flätz umläuft, blos dadurch, wie ein Cäsar den Alexander zu zerstäuben, daß ich sie berühre. Es sei daran wahr, was wolle, es ist immer wenig oder nichts. Euer großer Minister und General in Flätz — vielleicht der größte überall — denn es gibt nicht viele Schabacker — konnte allerdings, wie jeder große Mann, gegen mich eingenommen werden, doch nicht mit dem Geschütz der Wahrheit; denn letzteres stell' ich Euch hier her, Ihr Herzen, und drückt Ihr's nur zu meinem Besten ab! Es laufen nämlich im Flätzischen unsinnige Gerüchte um, daß ich aus bedeutenden Schlachten Reißaus genommen (so pöbelhaft spricht man), und daß nachher, als man Feldprediger zu Dank- und Sieges-Predigten gesucht, nichts zu haben gewesen. Das Lächerliche davon erhellt wol am besten, wenn ich sage, daß ich in gar keinem Treffen gewesen bin, sondern mehrere Stunden vor demselben mich so viele Meilen rückwärts dahin gezogen habe, wo mich unsere Leute, sobald sie geschlagen worden, nothwendig treffen mußten. Zu keiner Zeit ist der Rückzug wol so gut — ein guter aber wird für das Meisterstück der Kriegskunst gehalten — und mit solcher Ordnung, Stärke und Sicherheit zu machen, als eben vor dem Treffen, wo man ja noch nicht geschlagen ist.

---

102) Lieber politischer oder religiöser Inquisitor! Die Turiner Lichtchen leuchten ja erst recht, wenn du sie zerbrichst, und zünden dann sogar.

86) So wahr! In der Jugend liebt und genießt man unähnliche Freunde fast mehr, als im Alter die ähnlichsten.

128) In der Liebe gibt's Sommerferien; aber in der Ehe gibt's auch Winterferien, hoff' ich.

Ich könnte zwar als hoffentlicher Professor der Katechetik zu solchen Versumseiungen meines Muthes still sitzen und lächeln — denn schmied' ich meine künftigen Katecheten durch sokratisches Fragen zum Weiter-Fragen zu: so hab' ich sie Helden gehärtet, da nichts gegen sie zu Felde zieht als Kinder — Katecheten dürfen ohnehin Feuer fürchten, nur Licht nicht, da in unseren Tagen, wie in London, die Fenster eingeworfen werden, wenn sie nicht erleuchtet sind, anstatt daß es sonst den Völkern mit dem Lichte ging, wie den Hunden mit dem Wasser, die, wenn man ihnen lange keines gibt, endlich die Scheu vor dem Wasser bekommen — und überhaupt säuselt für Katecheten jeder Park lieblicher und wohlriechender als ein schwefelhafter Artilleriepark, und der Kriegsfuß, worauf die Zeit gesetzt wird, ist ihnen der wahre teuflische Pferdefuß der Menschheit. —

Aber ich denke anders — ordentlich als wäre der Pathengeist des Taufnamen Attila mehr, als sich's gehört, in mich gefahren, ist mir daran gelegen, immer nur meinen Muth zu beweisen, was ich denn hier wieder mit einigen Zeilen thun will, theuerste Freunde! Ich könnte diese Beweise schon durch blose Schlüsse und gelehrte Citate führen. Z. B. wenn Galen bemerkt, daß Thiere mit großen Hinterbacken schüchtern sind: so brauch' ich blos mich umzuwenden und dem Feinde nur den Rücken — und was darunter ist — zu zeigen, wenn er sehen soll, daß es mir nicht an Tapferkeit fehlt, sondern an Fleisch. — Wenn nach bekannten Erfahrungen Fleischspeisen herzhaft machen: so kann ich darthun, daß ich hierin keinem Officier nachstehe, welcher bei seinem Speisewirth große Bratenrechnungen nicht nur machen, sondern auch unsalbirt bestehen läßt, um zu jeder Stunde, sogar bei seinem Feinde selber (dem Wirthe), ein

---

143) Die Weiber haben wöchentlich wenigstens Einen activen und passiven Neids-Tag, den heiligen, den Sonntag; — nur die höhern Stände haben mehr Sonn- als Werkeltage, so wie man in großen Städten seinen Sonntag schon Freitags mit einem Türken feiern kann, Sonnabends mit einem Juden, Sonntags mit sich selber. Weiber gleichen köstlichen Arbeiten aus Elfenbein, nichts ist weißer und glätter und nichts wird leichter gelb.

offenes Document zu haben, daß er das Seinige (und Fremdes dazu) gegessen, und gemeines Fleisch auf den Kriegsfuß gesetzt, lebend nicht, wie ein Anderer, von Tapferkeit, sondern für Tapferkeit. — Eben so wenig hab' ich je als Feldprediger hinter irgend einem Officier unter dem Regimente zurückstehen wollen, der ein Löwe ist, und mithin jeden Raub angreift, nur daß er, wie dieser König der Thiere, das Feuer fürchtet — oder Der, wie König Jacob von England, welcher, davon laufend vor nackten Degen, desto kühner vor ganz Europa dem stürmenden Luther mit Buch und Feder entgegen schritt, gleichfalls bei ähnlicher Idiosynkrasie sowol mündlich als schriftlich mit jedem Kriegsheer anbindet. Hier entsinn' ich mich vergnügt eines wackern Sous-Lieutenants, der bei mir beichtete — wiewol er mir noch das Beichtgeld schuldig ist, so wie noch besser seinen Wirthinnen das Sündengeld — welcher in Rücksicht der Herzhaftigkeit vielleicht etwas von jenem indischen Hunde hatte, den Alexander geschenkt bekommen, als einen Hunds-Alexander. Der Macedonier ließ zur Probe auf den Wunderhund andere Helden- oder Wappen-Thiere anlaufen — erstlich einen Hirschen — aber der Hund ruhte; — dann eine Sau — er ruhte; — sogar ein Bären — er ruhte: jetzt wollt' ihn Alexander verurtheilen, als man endlich einen Löwen einließ; da stand der Hund auf, und zerriß den Löwen. Eben so der Sous-Lieutenant. Ein Duellant, ein Auswärts-Feind, ein Franzose ist ihm nur Hirsch und Sau und Bär, und er bleibt liegen; aber nun komme und klopfe an sein ältester stärkster Feind, sein Gläubiger, und fordere ihm für verjährte Freuden jetziges Schmerzens-Geld ab, und woll' ihm so Vergangenheit und Zukunft zugleich abrauben: der Lieutenant fährt auf, und wirft den Gläubiger die Treppe hinab. Leider steh' ich auch erst bei der Sau, und werde natürlich verkannt.

Quo — sagt Livius XII. 5. mit Recht — quo timoris minus est, eo minus ferme periculi est, oder zu deutsch

---

34) Nur die kleinen Tapeten- und Hinterthüren sind die Gnadenthüren; das große Thor ist die Ungnadenthüre, die Flügelthüren sind halbe Januspforten.

— je weniger man Furcht hat, desto weniger Gefahr ist fast dabei; ich kehre den Satz eben so richtig um, je weniger Gefahr, desto kleiner die Furcht, ja es kann Lagen geben, wo man ganz und gar von Furcht nichts weiß — worunter meine gehört. Um desto verhaßter muß mir jede Afterrede über Hasenherzigkeit erscheinen.

Ich schicke meiner Ferienreise noch einige Thatsachen voraus, welche beweisen, wie leicht Vorsicht — d. h. wenn ein Mensch nicht dem dummen Hamster gleichen will, der sich sogar gegen einen Mann zu Pferde auflehnt — für Feigheit gelte. Ich wünschte übrigens nur, ich könnte eben so glücklich einen ganz andern Vorwurf, den eines Waghalses, ablehnen, wiewol ich doch im Folgenden gute Facta beizubringen gedenke, die ihn entkräften.

Was hilft der Helden=Arm, ohne ein Helden=Auge? Jener wächset leicht stärker und nerviger, dieses aber schleift sich nicht so bald wie Gläser schärfer. Indeß aber die Verdienste der Vorsicht fallen weniger ins Auge (ja mehr ins Lächerliche) als die des Muthes. Wer mich z. B. bei ganz heiterem Himmel mit einem wachstuchenen Regenschirme gehen sieht: dem komm' ich wahrscheinlich so lange lächerlich vor, als er nicht weiß, daß ich ihn als Blitzschirm führe, um nicht von einem Wetterstrahl aus blauem Himmel (wovon in der mittleren Geschichte mehr als ein Beispiel steht) getroffen zu werden. Der Blitzschirm ist nämlich ganz der Reimarus'sche; ich trage auf einem langen Spazierstocke das wachstuchene Sturmdach, von dessen Giebel sich eine Goldtresse als Ableitungskette niederzieht, die durch einen Schlüssel, den sie auf dem Fußsteig nachschleift, jeden möglichen Blitz leicht über die ganze Erdfläche ableitet und vertheilt. Mit diesem Paradonner (paratonnerre portatif) in der Hand will ich mich wochenlang ohne die geringste Gefahr unter dem blauen Himmel herumtreiben. Indeß deckt diese Taucherglocke noch gegen etwas Anderes — gegen Kugeln. Denn wer gibt mir im Herbste Schwarz auf Weiß,

---

21) Schiller und Klopstock sind poetische Spiegel vor dem Sonnengotte; die Spiegel werfen so blendend die Sonne zurück, daß man in ihnen die Gemälde der Welt nicht gespiegelt sehen kann.

daß kein versteckter Narr von Jäger irgendwo, wenn ich die Natur genieße und durchstreife, seine Kugelbüchse in einem Winkel von 45° so abdrückt, daß sie im Herunterfallen blos auf meinem Scheitel aufzuschlagen braucht, damit es so gut ist, als würd' ich seitwärts ins Gehirn geschossen?

Es ist ohnehin schlimm genug, daß wir nichts gegen den Mond haben, uns zu wehren — der uns gegenwärtig beschießt mit Gestein, wie ein halber türkischer; denn dieser elende kleine Erd=Trabant und Läufer und valet de Fantaisie glaubt in diesen rebellirenden Zeiten auch anfangen zu müssen, seiner großen Landesmutter etwas zuzuschleudern aus der Davids Hirtentasche. Wahrhaftig, jetzt kann ja ein junger Katechet von Gefühl Nachts mit geraden Gliedern in den Mondschein hinaus wandeln, um Manches zu empfinden oder zu bedenken, und kann (mitten im Gefühl erwirft ihn der absurde Satellit) als zerquetschter Brei wieder nach Hause gehen. — — Bei Gott! überall Klingen=Proben des Muths! Hat man mühsam Donnerkeile eingeschmolzen und Kometenschwänze anglisirt: so führt der Feind neues Geschütz im Mond auf, oder sonst wo im Blau!

Noch eine Geschichte sei genug, um zu beweisen, wie lächerlich gerade die ernsthafteste Vorsicht bei allem innern Muthe oft außen dem Pöbel erscheinet. Reiter kennen die Gefahren auf einem durchgehenden Pferde längst. Mein Unstern wollte, daß ich in Wien auf ein Miethspferd zu sitzen kam, das zwar ein schöner Honigschimmel war, aber alt und hartmäulig wie der Satan, so daß die Bestie in der nächsten Gasse mit mir durchging und zwar — leider blos im Schritte. Kein Halten, kein Lenken schlug an; ich that endlich auf dem Selbststreitroß Nothschuß nach Nothschuß und schrie: „Haltet auf, ihr Leute, um Gotteswillen

---

72) Den Halbgelehrten betet der Viertelsgelehrte an — diesen der Sechzehntheilsgelehrte — und so fort; — aber nicht den Ganzgelehrten der Halbgelehrte.

35) Bien écouter c'est presque répondre sagt Marivaux mit Recht von geselligen Cirkeln; ich dehn' es aber auch auf runde Sessions= und Cabinetstische aus, wo man referirt und der Fürst zuhört.

aufgehalten, mein Gaul geht durch!" Aber da die einfältigen Menschen das Pferd so langsam gehen sahen, wie den Reichshofraths-Proceß und den ordinären Postwagen: so konnten sie sich durchaus nicht in die Sache finden, bis ich in heftigster Bewegung wie besessen schrie: „haltet doch auf, ihr Pinsel und Pensel, seht ihr denn nicht, daß ich die Mähre nicht mehr halten kann?" Jetzt kam den Faulpelzen ein hartmäuliges schrittlings ausziehendes Pferd lächerlich vor — Halb Wien bekam ich dadurch wie einen Bartstern-Schwanz hinter meinen Roß-Schweif und Zopf nach — Fürst Kaunitz, sonst der beste Reiter des Jahrhunderts (des vorigen), hielt an, um mir zu folgen — Ich selber saß und schwamm als aufrechtes Treib-Eis auf dem Honigschimmel, der in Einem fort Schritt für Schritt durchging — Ein vieleckiger rockschößiger Briefträger gab rechts und links seine Briefe in den Stockwerken ab und kam mir stets mit satirischen Gesichtszügen wieder nach, weil der Schimmel zu langsam auszog — Der Schwanzschleuderer (bekanntlich der Mann, der mit einer zweispännigen Wassertonne über die Straßen fährt, und sie mit einem drei Ellen langen Schlauch aus einem blechernen Trichter benetzt) fuhr ungemein bequem den Hinterbacken meines Pferdes nach und feuchtete während seiner Pflicht jene und mich selber kühlend an, ob ich gleich kalten Schweiß genug hatte, um keines frischern zu bedürfen — Ich gerieth auf meinem höllischen trojanischen Pferd (nur war ich selber das untergehende Troja, das ritt) nach Malzleinsdorf (einer Wiener Vorstadt), oder waren's für meine gepeinigten Sinne ganz andere Gassen. — Endlich mußte ich Abends spät nach dem Retraiteschuß des Praters im letztern zu meinem Abscheu und gegen alle Polizeigesetze auf dem gesetzlosen Honigschimmel noch herum

---

17) Das Bette der Ehren sollte man doch, da oft ganze Regimenter darauf liegen, und die letzte Oelung und vorletzte Ehre empfangen, von Zeit zu Zeit weichfüllen, ausklopfen und sömmern.

112) Gewisse Weltweiber benutzen in gewissen Fällen ihre körperliche Ohnmacht, wie Muhammed seine fallende Sucht — auch ist jene diese — blos um Offenbarungen, Himmel, Eingebungen, Heiligkeit und Proselyten zu erhalten.

reiten, und ich hätte vielleicht gar auf ihm übernachtet, wenn nicht mein Schwager, der Dragoner, mich gesehen und noch fest auf dem durchgegangenen Gaule gefunden hätte. Er machte keine Umstände — fing das Vieh — that die lustige Frage: warum ich nicht voltigirt hätte, ob er gleich recht gut weiß, daß dazu ein hölzerner Gaul gehört, der steht — und holte mich herab — und so kamen alle berittenen Wesen unberitten und unbeschädigt nach Hause.

Aber nun endlich einmal an meine Reise!

Reise nach Fläz.

Ihr wißt, Freunde, daß ich die Reise nach Fläz gerade unter den Ferien machen mußte, nicht nur, weil Viehmarkt, und folglich der Minister und General von Schabacker da war, sondern vornehmlich, weil er (wie ich von geheimer Hand sicher hatte) jährlich den 23. Juli am Abend vor dem Markttage um fünf Uhr so viel Gaudium und Gnade sich ausließ, daß er die meisten Menschen weniger anschnauzte als anhörte und — erhörte. Die Gaudiums-Ursache vertrau' ich ungern dem Papier. Kurz, ich konnte ihm meine Bittschrift, mich als unschuldig vertriebenen Feldprediger durch eine katechetische Professur zu entschädigen und zu besolden, in keiner bessern Jahrs- und Tagszeit überreichen, als Abends um 5 Uhr Hundstags-Anfang. Ich setzte mein Bittschreiben in drei Tagen auf. Da ich weder Concepte, noch Abschriften desselben schonte und zählte: so war ich bald so weit, daß ich das relativ Beste ganz vollendet vor mir hatte, als ich erschrocken bemerkte, daß ich darin über dreißig Gedankenstriche in Gedanken hingeschrieben hatte. Leider schießen diese Stacheln heut zu Tage, wie aus Wespen-

---

120) Mancher wird ein freier Diogenes, nicht wenn er in dem Fasse, sondern wenn dieses in ihm wohnt; und die gewaltige Hebkraft des Flaschenzugs in der Mechanik spürt er fast von einem Flaschenzuge anderer Art beim Flaschenkeller wiederholt und gut bewährt.

3) Die Cultur machte ganze Länder, z. B. Deutschland, Gallien 2c. physisch wärmer, aber geistig kälter.

99) Gleichwol hab' ich, bei allem meinen Grimm über Nachdruck, doch nie den Ankauf eines Privilegiums gegen Nachdruck für etwas Anderes oder Schlechteres gehalten als für die Abgabe, die bisher alle christ-

Steißen, unwillkürlich aus gebildeten Federn hervor. Ich warf es zwar lange in mir hin und her, ob ein Privatgelehrter sich einem Minister mit Gedankenstrichen nähern dürfe — so sehr auch dieses ebene Unterstreichen der Gedanken, diese wagrechten Taktstriche poetischer Tonstücke, und diese Treppenstricke oder Achillessehnen philosophischer Sehstücke jetzt eben so allgemein als nöthig sind — allein ich mußte doch am Ende (da Ausschaben Standespersonen beleidigt) das beste Probstück wieder umschreiben und mich wieder eine halbe Viertelstunde am Namen Attila Schmelzle quälen, weil ich immer glaube, diesen so wie die Brief-Adresse, die beiden Cardinalgegenden und Punkte der Briefe, nie leserlich genug zu schreiben.

Erste Station, von Neusattel nach Vierstädten.

Der 22. Juli, oder Mittwochs Nachmittag um 5 Uhr, war von der Postkarte der ordentlichen fahrenden Post selber zu meiner Abreise unwiderruflich anberamt. Ich hatte also etwa einen halben Tag Zeit, mein Haus zu bestellen, welchem jetzt zwei Nächte und drittehalb Tage hindurch meine Brust als Brustwehr, der Verhack mit meinem Ich abgehen sollte. Sogar mein gutes Weib Bergelchen, wie ich meine Teutoberga nenne, reisete mir unaufhaltsam den 24. oder Freitags darauf nach, um den Jahrmarkt zu beschauen, und zu benutzen; ja sie wollte schon sogleich mit mir ausreisen, die treue Gattin. Ich versammelte daher meine kleine Bedientenstube und publicirte ihr die Hausgesetze und Reichs-Abschiede, die sie nach meinem Abschiede

---

liche Seemächte an die barbarischen Staaten erlegten, damit sie nicht beraubt wurden. Nur Frankreich hat, eben der Aehnlichkeit wegen, sowol das Nachdrucks-Privilegium als die barbarische Abgabe abgeschafft.

1) Je mehr Schwäche, je mehr Lüge; die Kraft geht gerade; jede Kanonenkugel, die Höhlen oder Gruben hat, geht krumm.

32) Unser Zeitalter — von Einigen papiernes genannt, als sei es aus Lumpen eines besser bekleideten gemacht — bessert sich schon halb, da es die Lumpen jetzt mehr zu Charpien als zu Papieren zerzupft, wiewol oder weil der Lumpenhacker (oder auch der Holländer) eben nicht ausruht; indeß, wenn gelehrte Köpfe sich in Bücher verwandeln, so

den Tag und die Nacht erstlich vor der Abreise meiner Frau und zweitens nach derselben auf das Pünktlichste zu befolgen hatten, und Alles, was ihnen besonders bei Feuersbrünsten, Diebseinbrüchen, Donnerwettern und Durchmärschen vorzukehren oblag. Meiner Frau übergab ich ein Sachregister des Besten in unserm kleinen Registerschiffe, was sie, im Falle es in Rauch aufginge, zu retten hätte — Ich befahl ihr, in stürmischer Nacht (dem eigentlichen Diebs-Wetter) unsere Windharfe ans Fenster zu stellen, damit jeder schlechte Strauchdieb sich einbildete, ich phantasirte harmonisch, und wachte; desgleichen den Kettenhund am Tage ins Zimmer zu nehmen, damit er ausschliefe, um Nachts munterer zu sein. Ich rieth ferner, auf jeden Brennpunkt der Glasscheiben im Stalle, ja auf jedes hingestellte Glas Wasser ihr Auge zu haben, da ich ihr schon öfter die Beispiele erzählet, daß durch solche zufällige Brenngläser die Sonne ganze Häuser in Brand gesteckt — Auch gab ich ihr die Morgenstunde, wo sie Freitags ab- und mir nachreisen sollte, so wie die Haustafeln schärfer an, die sie vorher dem Gesinde einzuschärfen hätte. Meine liebe, kerngesunde, blühende Honig-Wöchnerin Berga antwortete ihrem Flitterwöchner, wie es schien, sehr ernsthaft: „Geh nur Alterchen, es soll Alles ganz charmant geschehen — Wärest du nur erst voraus, so könnte man doch nach! Das währt ja aber Ewigkeiten." — Ihr Bruder, mein Schwager der Dragoner, für den ich aus Gefälligkeit das Passagiergeld trug, um auf dem Postkissen einen an sich tapfern Degen und Hauinsfeld, so zu sagen als körperlichen und geistigen Verwandten und Spillmagen vor mir zu haben, dieser zog über meine Verordnungen (was ich leicht dem Hage- und Kriegsstolzen vergab) sein braunes Gesicht ansehnlich ins Spöttische, und

---

können sich auch gekrönte in Staatspapiere verwandeln, und ummünzen; — in Norwegen hat man nach dem allg. Anzeiger sogar Häuser von Papier, und in manchen guten deutschen Staaten — hält das Kammer-Collegium (das Justiz-Collegium ohnehin) seine eignen Papiermühlen, um Düten genug für das Mehl seiner Windmühlen zu haben. Ich wünschte aber, unsere Collegien nähmen sich jene Glasschneiderei in Madrid zum Muster, in welcher (nach Baumgärtner) zwar neunzehn Schreiber angestellt waren, aber doch auch eilf Arbeiter.

sagte zuletzt: „Schwester, an deiner Stelle thäte ich, was mir beliebte; und dann guckte ich nach, was Er auf seinem Reglements-Zettel hätte haben wollen." — „O, versetzte ich, Unglück kann sich wie ein Scorpion in jede Ecke verkriechen; ich möchte sagen, wir sind den Kindern gleich, die am schön bemalten Kästchen schnell den Schieber aufreißen und — heraus fährt eine Maus, die hackt" — „Maus, Maus, Raus, Raus! (versetzte er, auf- und nieder trabend). Herr Schwager, aber es ist fünf Uhr; und Sie werden schon finden, wenn Sie wiederkommen, daß Alles so aussieht wie heute, die Hunde wie die Hunde, und meine Schwester wie eine hübsche Frau: allons donc!" — Er war eigentlich Schuld, daß ich aus Besorgniß seines Mißdeutens nicht vorher eine Art von Testament gemacht.

Ich packte noch entgegengesetzte Arzneien, sowol temperirende als erhitzende, gegen zwei Möglichkeiten ein — ferner meine alten Schienen gegen Arm- und Beinbrüche bei Wagen-Umstürzen — und (aus Vorsicht) noch einmal so viel Geldwechsel, als ich eigentlich nöthig hatte. Nur wünschte ich dabei wegen der Mißlichkeit des Aufbewahrens, ich wär' ein Affe mit Backentaschen, oder ein Beutelthier, damit ich in mehr sichere und empfindungsvolle Taschen und Beutel solche Lebens-Preciosen verschanzte. Rasiren lasse ich mich sonst stets vor Abreisen aus Mißtrauen gegen fremde mordsüchtige Bartputzer; aber diesmal behielt ich den Bart bei, weil er doch unterwegs, auch geschoren, so reich wieder getrieben hätte, daß mit ihm vor keinem Minister wäre zu erscheinen gewesen.

Ich warf mich heftig ans Kraftherz meiner Berga an, und riß mich noch heftiger ab, aber sie schien über unsere erste Ehetrennung weniger in Jammer als in Jubel zu

---

39) Epiktet räth an, zu reisen, weil die alten Bekanntschaften uns durch Scham und Einfluß vom Uebergange zur hohen Tugend abhalten — so wie man etwa seine Provinzialmundart schamhaft lieber außer Lands ablegt und dann völlig geläutert zu seinen Landsleuten zurückkommt; noch jetzt befolgen Leute von Stand und Tugend diesen Rath, obwol umgekehrt, und reisen, weil die alten Bekanntschaften sie durch Scham zu sehr von neuen Sünden abschrecken.

sein, viel weniger bestürzt als seelenvergnügt, blos weil sie auf das Scheiden nicht halb so sehr als auf das Wiedersehen und Nachreisen, und die Jahrmarkts-Schau ihr Augenmerk hatte; doch warf und hing sie sich an meinen etwas dünnen und langen Hals und Körper fast schmerzhaft als eine zu fleischige derbe Last, und sagte: „Fege nur frisch davon, mein chärmanter Attel (Attila) — und mache dir unterwegs keine Gedanken, du aparter Mensch! — Haben wir denn zu klagen? Einen oder ein paar Püffe halten wir mit Gottes Hilfe schon aus, so lange mein Vater kein Bettelmann ist" — „Und dir aber, Franz, fuhr sie gegen ihren Bruder ordentlich zornig fort, bind' ich meinen Attel auf die Seele, du weißt recht gut, du wüste Fliege, was ich thue, wenn du ein Narr bist, und ihn wo im Stiche lässest." Ich verzieh ihr hier manches Gutgemeinte; und Euch Freunden ist ihr Reichthum und ihre Freigebigkeit auch nichts Neues.

Gerührt sagt' ich: „nun, Berga, gibt's ein Wiedersehen für uns, so ist's gewiß entweder im Himmel oder in Flätz; und ich hoffe zu Gott, das Letztere." — Stracks ging's rüstig davon. Ich sah mich durch das Kutschen-Rückfenster um nach meinem guten Städtchen Neusattel; und es kam mir gerührt vor, als richte sich dessen Thurmspitze ordentlich als ein Epitaphium über meinem Leben oder meinem vielleicht todt zurückreisenden Leichnam in die Höhe: — wie wird Alles sein, dacht' ich, wenn du nun endlich nach zwei oder drei Tagen wiederkommst? Jetzt sah ich mein Bergelchen uns aus dem Mansardenfenster nachschauen; ich legte mich weit aus dem Kutschenschlage hinaus, und ihr Falkenauge erkannte sofort meinen Kopf; Küsse über Küsse warf sie mir mit beiden Händen herab, dem ins Thal rollenden

---

2) Ein Soldat huldigt und gehorcht in seinem Fürsten zugleich seinem Fürsten und seinem Generalissimus; der Civilist blos seinem Fürsten.

29) Und wie viel ist nicht in der Jurisprudenz Jurisimprudenz, ausgenommen bei Unrechts-Gelehrten.

39) „Die größere Hälfte" ist ein so meßwidriger Ausdruck, daß ihn kein Meßkünstler anders als von der Ehe, ja sogar nur von der seinigen gebrauchen könnte.

Wagen nach. „Du herziges Weib, dacht' ich, wie machst du deine niedrige Geburt durch die geistige Wiedergeburt vergeßlich, ja merkwürdig!"

Freilich das Postkutschen-Gelag und Pickenick wollte mir weniger schmecken; lauter verdächtiges, unbekanntes Gesindel, welches (wie gewöhnlich die Märkte thun) der Flätzer durch seine Witterung einlockte. Ungern werb' ich Unbekannten ein Bekannter; aber mein Schwager, der Dragoner, war, wie immer, schon mit Allem, mit Himmel und Hölle herausgeplatzt. Neben mir saß eine höchst wahrscheinliche Hure. — Auf ihrem Schooße ein Zwerg, der sich auf dem Jahrmarkte wollte sehen lassen — Mir gegenüber blickte ein Kammerjäger mich an — Und unten im Thale stieg noch ein blinder Passagier mit einem rothen Mantel ein. Mir gefiel gar Niemand, ausgenommen mein Schwager. Ob nicht die Hure meine Bekanntschaft zu einer eiblichen Angabe benützen, ob nicht Spitzbuben unter den Passagieren mich und meine Eigenheiten und Zufälle studieren würden, um auf der Tortur mich in ihre Baude zu flechten — dafür konnte sich mir Niemand verpfänden. An fremden Orten schau' ich schon ungern — und aus Vorsicht — an irgend ein Kerkergitter lange empor, weil ein schlechter Kerl dahinter sitzen kann, der eilig herunter schreiet aus bloßer Bosheit: „Drunten steht mein Spießkamerad, der Schmelzle!" — oder auch weil ein vernagelter Scherge sich denken kann, ich suchte meinen Conföderirten oben zu entsetzen. Aus einer wenig davon verschiedenen Vorsicht dreh' ich mich daher niemals um, wenn ein Staar mir nachruft: Dieb!

Was den Zwerg selber anlangt, so konnt' er meinetwegen mitfahren, wohin er wollte; aber er glaubte ein besonderes Froh-Leben in uns zu bringen, wenn er uns

---

45) Die jetzigen Schriftsteller zucken die Achseln am meisten über Die, auf deren Achseln sie stehen; und erheben Die am meisten, die an ihnen hinaufkriechen.

14) Manche Dichter gerathen unter dem Malen schlechter Charaktere oft so ins Nachahmen derselben hinein, wie Kinder, wenn sie träumen zu pissen, wirklich ihr Wasser lassen.

verhieße, daß sein Pollux und Amtsbruder, ein seltener Riese, der ebenfalls der Messe zur Anschau zuzog, gegen Mitternacht uns unfehlbar mit seinem Elephanten=Schritte nachkommen, und sich einsetzen oder hintenauf stellen würde. Beide Narren beziehen nämlich gemeinschaftlich die Messen als gegenseitige Meßhelfer zu entgegengesetzten Größen; der Zwerg ist das erhabne Vergrößerungsglas des Riesen, der Riese das hohle Verkleinerungsglas des Zwergs. Niemand bezeugte große Freude an der Aussicht der Nach=kunft des Maß=Copisten des Zwergs, ausgenommen mein Schwager, der (ist das Wortspiel erlaubt) wie eine Uhr blos zum Schlagen gemacht zu sein glaubt, und mir wirklich sagte: „Könn' er einmal oben in der ewigen Se=ligkeit keine Seele zuweilen wamsen und koram nehmen, so fahr' er lieber in die Hölle, wo gewiß des Guten und der Händel eher zu viel sein werden." — Der Kammer=jäger im Postwagen hatte, außerdem schon, daß uns Nie=mand sehr einnimmt, der blos vom Vergiften lebt, wie dieser Freund Hain der Ratten und diese Mäuse=Parze, und daß ein solcher Kerl, was noch schlimmer, sogleich ein Mehrer des Ungeziefer=Reichs zu werden droht, sobald er nicht dessen Minderer sein darf — dieser hatte überhaupt so viel Fatales an sich, zuerst den Stechblick wie eines Stilets — dann das hagere scharfe Knochen=Gesicht in Ver=bindung mit seinem Vorrechnen seines ansehnlichen Gift=Sortiments — dann (denn ich haßte ihn immer heißer) seine geheime Stille, sein geheimes Lächeln, als seh' er in irgend einer Schlupf=Ecke eine Maus, ähnlich einem Men=schen — Wahrlich mir, der ich sonst ganz andern Leuten stehe, kam endlich sein Rachen als eine Hunds=Grotte vor, seine Backenknochen als Untiefen und Klippen, sein heißer

---

103) Die Großen sorgen vielleicht so emsig für ihre Nachkommen wie die Ameisen; sind die Eier gelegt, so fliegen die männlichen und die weiblichen Ameisen davon und vertrauen sie den treuen Ar=beitsameisen an.

10) Und liefert das Leben von unsern idealen Hoffnungen und Vor=sätzen etwas anderes als eine prosaische, unmetrische, ungereimte Uebersetzung?

Athem als Calcinir-Ofen und die schwarzhaarige **Brust** als Welk- und Darr-Ofen — —

Ich hatte mich auch — glaub' ich — nicht viel versehen; denn bald darauf fing er an, der Gesellschaft, worin ein Zwerg und ein Mädchen war, ganz kalt zu berichten, er habe schon zehn Leiber mit dem Dolch nicht ohne Lust durchstoßen — habe gemächlich ein Dutzend Menschen-Arme abgehauen, vier Köpfe langsam gespalten, zwei Herzen ausgerissen, und mehr dergleichen — und keiner davon, sonst Leute von Muth, hab' ihm im Geringsten widerstanden — „aber warum? setzt' er giftig hinzu, und nahm den Hut vom häßlichen Glatzkopf — ich bin unverwundbar — Wer von der Gesellschaft will, lege auf meiner Glatze so viel Feuer an, als er will, ich laß' es ausbrennen."

Mein Schwager, der Dragoner, setzte sogleich einen brennenden Tabaksschwamm auf den Schädel, aber der Jäger stand es so ruhig aus, als wär' es ein kalter Brand, und er und der Dragoner sahen einander wartend an, und jeder lächelte sehr närrisch — „es thue ihm blos sanft, sagt' er, wie eine gute Frostsalbe, denn dies sei überhaupt die Winterseite an seinem Leibe." Hier griff mein Schwager ein wenig auf den nackten Schädel umher und rief verwundert: „er fühle sich so kalt an wie eine Kniescheibe." Nun hob der Kerl auf einmal nach einigen Vorrüstungen zu unserem Entsetzen den Viertels-Schädel ab und hielt ihn uns hin, sagend: „er habe ihn einem Mörder abgesägt, als ihm zufällig der eigne eingeschlagen gewesen;" und erklärte nun, daß man das erzählte Durchstechen und Arm-Abhauen mehr als Scherz zu nehmen habe, indem

---

78) Die Weiber halten alles Weißzeug weiß, nur kein Buch, ob sie gleich vielleicht manchen polemischen Folianten, eh' er in die Papiermühle gekommen, als Brauthemde am Leibe mögen getragen haben. Die Männer kehren es nur um.

7) Der geharnischte deutsche Reichskörper konnte sich darum schwer bewegen, weshalb die Käfer nicht fliegen können, deren **Flügel** recht gut durch **Flügeldecken** — und zwar durch zusammengewachsene — verschanzet sind.

er's lediglich gethan als Famulus auf dem anatomischen
Theater. — Inzwischen wollte der Scherztreiber doch keinem
von uns sehr schmecken und zu Hals, so daß ich, als er
den Kapselkopf, den Repräsentations-Schädel, wieder auf-
setzte, schweigend dachte: diese Mistbeet-Glocke hat gewiß
nur den Ort, nicht die Gift-Zwiebel verändert, die sie
zudeckt.

Am Ende wurde mir's überhaupt verdächtig, daß er, so
wie sämmtliche Gesellschaft (auch der blinde Passagier),
gerade demselben Flätz zuschifften, wohin ich selber gedachte; besonderes Glück brauchte ich mir davon nicht zu
versprechen; und mir wäre in der That das Umkehren so
lieb gewesen als das Fortfahren, hätt' ich nicht lieber der
Zukunft getrotzt.

Ich komme endlich auch auf den roth gemantelten blinden Passagier, wahrscheinlich ein Emigré oder ein Refugié
(denn er spricht das Deutsche nicht schlechter als das Französische), entweder Namens Jean Pierre oder Jean Paul
ungefähr, oder ganz namenlos. Sein rother Mantel wäre
mir ungeachtet dieser Farbenverschmelzung mit dem Scharfrichter — der in vielen Gegenden trefflich Angstmann
heißt — an sich herzlich gleichgiltig geblieben, wäre nicht
der besondere Umstand eingetreten, daß er mir schon fünf
Mal in fünf Städten (im großen Berlin, im kleinen Hof,
Koburg, Meiningen und Bayreuth) wider alle Wahrschein-
lichkeit aufgestoßen, wobei er mich jedes Mal bedeutend genug angesehen, und dann seines Wegs gegangen. Ob er
mir feindlich nachsetzt oder nicht, weiß ich nicht; nur ist
auf alle Fälle der Phantasie kein Object erfreulich, das
mit Observations-Corps oder aus Schießscharten vielleicht
mit Flinten hält und zielt, die es Jahre lang bewegt,

---

8) Mit Staatseinrichtungen ist's wie mit Kunststraßen; auf einer
ganz neuen unbefahrnen, wo jeder Wagen am Straßenbau mit arbeiten und zerklopfen hilft, wird man eben so gestoßen und geworfen,
als auf einer ganz alten ausgefahrnen voll Löcher. Was ist also
hier zu thun? Man fahre fort.

3) Vor Gericht werden oft ermordete Geburten für todtgeborne aus-
gegeben, in Antikritiken todtgeborne für ermordete.

ohne daß man weiß, in welchem es abbrückt. — Noch anstößiger wurde mir der Rothmantel dadurch, daß er auffallend seine weiche Seelenmilde pries; dies schien beinah auf Ausholen oder Sichermachen zu deuten. Ich erwiderte: „mein Herr, ich komme eben, wie hier mein Schwager, vom Schlachtfeld her (die letzte Affaire war bei Pimpelstadt), und stimme vielleicht deshalb zu stark für Mark-Kraft, Brust-Sturm, Stoß-Glut, und es mag für Manchen, der eine brausende Wasserhose, eigentlich Landhose von Herz hat, gut sein, wenn seine geistliche Lage (ich bin darin) ihn mehr mildert als wildert. Indeß gehört jeder Milde ihr eisernes Schrankengitter. Fällt mich irgend ein unbesonnener Hund bedeutend an, so tret' ich ihn freilich im ersten Zorn entzwei und nachher hinter mir treibt's mein guter Schwager vielleicht noch zwei Mal weiter, denn er ist der Mann dazu. Vielleicht ist's Eigenliebe, aber ich beklag's (gesteh' ich) noch heute, daß ich als Knabe einmal einem anderen Knaben drei erhaltene Ohrfeigen nicht derb zurückgereicht, und mir ist oft, als müßt' ich sie seinen Enkeln nachzahlen. Wahrlich, wenn ich auch nur einen Jungen vor den schwachen Kräften eines ähnlichen Jungen feig entlaufen sehe, so kann ich das Laufen nicht fassen, und will ihn ordentlich durch einen Machtschlag erretten." Der Passagier lächelte indeß nicht zum Besten. Er gab sich zwar für einen Legationsrath aus, und schien Fuchs genug dazu sein, aber ein tollgewordener Fuchs beißt mich am Ende so wasserscheu als ein toller Wolf. Uebrigens fuhr ich unbekümmert mit meinem Anpreisen des Muthes fort, nur daß ich absichtlich statt des lächerlichen Bramar-

---

101) Nicht nur die Rhodier hießen von ihrem Koloß Kolosser, sondern auch unzählige Deutsche heißen von Luther Lutheraner.

88) Bis hierher hab' ich immer die Streitschriften der jetzigen philophischen und ästhetischen idealen Streitflegel, worin allerdings einige Schimpfworte und Trug- und Lugschlüsse vorkommen, mehr von der schönern Seite genommen, indem ich sie blos als eine Nachahmung des classischen Alterthums und zwar der Ringer desselben angesehen, welche (nach Schöttchen) ihren Leib mit K o t h bestrichen, um nicht gefaßt zu werden, und ihre Hände mit S t a u b anfüllten, um den fremden zu fassen.

bastrens, welches gerade den Feigen recht verräth, fest, still, klar sprach. „Ich bin, sagt' ich, blos für Montaigne's Rath: man trage nur Furcht vor der Furcht."

Ich würde (versetzte der Legationsmann unnütz spitzfindig) wieder fürchten, daß ich mich nicht genug vor der Furcht fürchtete, sondern zu feig bliebe."

„Auch dieser Furcht, erwidert' ich kalt, steck' ich Grenzen. Ein Mann kann z. B. nicht im Geringsten Gespenster glauben und fürchten; gleichwol kann er Nachts sich in Todesschweiß baden und zwar blos vor Angst, wie sehr er sich entsetzen würde (besonders mit welchen Nachwehen von Schlagflüssen, fallenden Suchten u. s. w.), falls nichts als blos seine so lebhafte Phantasie irgend ein Fieber= und Vexierbild vor ihn in die Lüfte hineinhinge." — — „Man sollte daher, fiel mein Schwager wider Gewohnheit moralisirend ein, das so arme Schaf von Mann auch gar mit keinem Geister=Spuk foppen, der Hase kann ja auf der Stelle auf dem Platze bleiben."

Ein lautes Gewitter, das dem Postwagen nachfuhr, veränderte den Discurs. Ihr, Freunde, errathet wol alle — da ihr mich nicht als einen Mann ohne alle Physik kennen lernen — meine Maßregeln gegen Gewitter: ich setze mich nämlich auf einen Sessel mitten in der Stube (oft bleib' ich bei bedenklichem Gewölk' ganze Nächte auf ihm), und decke mich durch mein Reinigen von allen Leitern, Ringen, Schnallen ꝛc. ꝛc. und durch mein Absitzen von allen Blitzabsprüngen immer so, daß ich kaltblütig die Sphären=Musik der Donner=Pauke vernehme. — Diese Vorsicht hat mir nie geschadet, da ich ja dato noch lebe; und ich wünsche mir noch heute Glück, daß ich einmal aus der Stadtkirche, ob ich gleich Tags vorher gebeichtet hatte, ohne weiteres und ohne vorher das Abendmahl zu nehmen, ins Gebeinhaus hinausgelaufen, weil ein schweres Gewitter (was wirklich in die Kirchhofs=Linde einschlug) darüber stand; — ich kam auch sogleich nach der Ent-

---

103) Oder sind alle Moscheen, Episkopalkirchen, Pagoden, Filialkirchen, Stifthütten und Panthea etwas anderes als der Heidenvorhof zum unsichtbaren Tempel und zu dessen Allerheiligsten?

labung der Wolke aus dem Gebeinhaus in die Kirche zurück und war so glücklich, noch hinter dem Henker (als dem Letzten) zu kommen und das Liebesmahl zu genießen.

So denk' ich für meine Person; aber leider im vollen Postwagen traf ich Menschen, denen Physik wahre Narretei ist. Denn als die Gewitter sich fürchterlich über unsern Kutschenhimmel versammelten, und prasselnde Feuerklumpen, als wären's Johanniswürmchen, im Himmel umher spielten; und als ich endlich ersuchen mußte, das schwitzende Post-Conclave möchte nur wenigstens Uhren, Ringe, Gelder und dergleichen zusammenwerfen, etwa in die Wagentaschen, damit kein Mensch einen Leiter am Leibe hätte: so that's nicht nur keiner, sondern mein eigner Schwager, der Dragoner, stieg gar mit gezogenem nacktem Degen auf den Bock hinaus, und schwur, er leite ab. Ich weiß nicht, war der desperate Mensch ein gescheidter oder keiner; kurz unsere Lage war fürchterlich und jeder konnte ein gelieferter Mann sein. Zuletzt bekam ich gar einen halben Zank mit zweien von der rohen Menschenfracht der Kutsche, dem Vergifter und der Hure, weil sie fragend fast zu verstehen gaben, ich hätte vielleicht bei dem angepriesenen Pretiosen-Picknick nicht die ehrlichsten Anschläge gehabt. So etwas verwundet die Ehre mit Gewalt, und in mir donnerte es nun stärker als oben; dennoch mußt' ich den ganzen nöthigen Erbitterungs-Wortwechsel so leise und langsam als möglich führen, und haderte sanft, damit nicht am Ende eine ganz in Harnisch gebrachte Kutsche in Hitze und Schweiß geriethe, und in unsere Mitte so den nahen Donnerkeil auf Ausdünstungen durch den Kutschenhimmel herabfahren ließe. Zuletzt setzt' ich der Gesellschaft das ganze elektrische Kapitel deutlich, aber leise und langsam — ich wollte nicht ausdampfen — auseinander; und suchte besonders von der Furcht abzuschrecken. Denn in der That vor Furcht konnte jeden der Schlag — ja ein

---

40) Das Volk ist nur im Erzählen, nicht im Raisonniren weitläuftig; der Gelehrte ist nur in jenem, nicht in diesem kurz; eben weil das Volk seine Gründe nur als Empfindungen so wie die Gegenwart blos anschauet, der Gelehrte hingegen beide mehr nur denkt.

doppelter, mit dem elektrischen ein apoplektischer — treffen, da aus Erxleben und Reimarus genug bewiesen ist, daß starkes Fürchten durch Dünsten den Strahl zulockt; ich stellte daher in ordentlicher Angst vor meiner und fremder Furcht den Passagieren vor: daß sie jetzt durchaus bei unserer schwülen Menge, bei dem die Blitze spießenden Degen auf dem Kutschbock, und bei dem Ueberhang der Wetterwolke, und selber bei so vielen Ausdünstungen anfangender Furcht, kurz bei so augenscheinlicher Gefahr nichts fürchten dürften, wollten sie nicht sammt und sonders erschlagen sein. „O Gott, rief ich, nur Muth! Keine Furcht! Nicht einmal Furcht vor der Furcht! — Wollen wir denn als zusammengetriebene Hasen hier seßhaft, von unserem Herrgott erschossen sein? — Fürchte sich meinetwegen jeder, wenn er aus der Kutsche heraus ist, nach Belieben an anderen Orten, wo weniger zu besorgen ist, nur aber nicht hier."

Ich kann nicht entscheiden — da unter Millionen kaum Ein Mensch an der Gewitterwolke stirbt, aber vielleicht Millionen an Schnee= und Regenwolken und dünnen Nebeln — ob meine Kutschen=Predigt auf Menschen=Rettungs=Preise Anspruch zu machen hatte, als wir sämmtlich unbeschädigt einem Regenbogen entgegen in das Städtchen Vierstädten einfuhren, wo ein Posthalter in der einzigen Gasse wohnte, die der Ort hatte.

Zweite Station, von Vierstädten nach Niederschöna.

Der Posthalter war ein grober Patron und ein Schläger; eine Gattung von Menschen, die ich unaussprechlich hasse, weil meine Phantasie mir immer vorspiegelt, ich könnte vielleicht aus Zufall oder Widerwillen ihnen ein recht höhnisches und impertinentes Gesicht schneiden, und mir solche Gesellen auf den Hals hetzen, und darauf spür'

---

9) Die Aegypter nahmen bei einem Landes=Unglück dadurch am Gott Typhon, dem sie es zuschrieben, Rache, daß sie seine Lieblinge von Felsen stürzten, die Esel. Aehnlicher Weise haben sich in der Geschichte auch Staaten anderer Religion geräcHt.

ich schon Ziehen von Mienen. Zum Glücke konnt' ich
diesmal (gesetzt, ich hätte ein Fehlgesicht geschnitten) mich
mit meinem Schwager dem Dragoner bewaffnen, für des=
sen Riesenmacht dergleichen ein Leckerbissen ist. Denn er
kann zum Beispiel vor keinem Wirthshause, worin eine
Schlägerei laut wird, vorbeigehen, ohne hineinzutreten,
und sogleich unter der Thüre zu schreien: Macht Friede,
ihr Hunde! darauf unter seinem Schein von Friedens-De=
putation nimmt er ohne Verzug, als wär' es eine ame-
rikanische Friedenspfeife, das nächste Stuhlbein in die Hand,
und deckt damit das schlagende Personale hinüber und
herüber zu, oder er nähert die harten Köpfe der Parteien
(er schlägt sich zu keiner) einander mit Gewalt, indem er
in jede Hand einen am Hinterhaupte faßt; dann ist der
Kanz im Himmel.

Ich für meine Person vermeide discrepante Cirkel mehr,
als daß ich sie aufsuche, so wie auch jeden todten oder
todtgemachten Menschen; — der vorsichtige Mann sieht
leicht voraus, was davon zu holen ist, entweder verdrieß=
liches und mißliches Zeugschaft-Geben, oder oft gar (wenn
die Umstände sich verschwören) peinliches Nachfragen über
Mitschuld.

In Vierstädten stieß mir nichts von Wichtigkeit auf
als — zu meinem Grausen — ein Hund ohne Schwanz,
der durch die Stadt oder Gasse lief. Ich zeigte erbittert
im ersten Feuer den Passagieren den Hund, und legte ihnen
die Frage vor, ob sie denn eine medicinische Polizei für
trefflich bestellt ansähen, welche wie die Vierstädter es zu-
ließe, daß Hunde öffentlich herum sprängen, denen der
Schwanz fehlte. „An was, sagt ich, halt' ich mich denn,
wenn dieser weggeschnitten, und mir jede solche Bestie ent-
gegenrennen, und ich weder aus dem eingezogenen noch
aufgerichteten Schwanze, da der ganze weggehackt ist, einen

---

70) In die Philosophie verhülle sich die Dichtkunst nur so, wie in diese
sich jene; Philosophie aber in poetischer Prosa gleicht jenen Trink-
gläsern in Schenken, welche, mit bunten Bilderschnörkeln umzogen,
zugleich im Genusse des Getränkes und des Bildwerks, die oft
widrig sich decken, stören.

Schluß ziehen kann, ob das Vieh toll ist oder nicht. So wird der gescheidteste Mann wüthig und gebissen und scheitert blos aus Mangel eines Schweif-Compasses." Der nachkommende blinde Passagier (er ließ sich jetzt als sehender einschreiben, Gott weiß zu welchen Endzwecken) spann vor mir meinen eigenen Satz, dem er zugehöret, fast bis ins Komische aus, und erregte zuletzt in mir den Verdacht, er mache durch eine, aber sehr starke Schmeichel-Nachahmung meines Sprechstyls Jagd auf mich: „der Hundsschwanz, sagt' er, ist wol für uns Allarmstange und Irrenanstalt, damit man in keine komme, gleichsam die äußern Vorposten der Wuth — man schneide den Kometen den Schwanz, den Bassen den Roßschweif, den Krebsen den ihrigen (denn ausgestreckter bedeutet krepierte) ab: so ist man in den gefährlichen Angelegenheiten des Lebens ohne Leitseil, ohne Avertisseur, ohne Hand in margine — und man kommt um, ohne vorher zu wissen wie."

Uebrigens lief diese Station ohne Zank und Noth vorüber. Alles schlief gegen 10 Uhr ein, sogar der Postillon, außer ich. Ich stellte mich zwar schlafend, um zu beobachten, wer sich etwa aus guten Gründen nur schlafend stelle; aber alles schnarchte fort, der Mond warf seine verklärenden Strahlen nur auf herabgesunkne Augenlider.

Herrlich könnt' ich jetzt Lavaters Rath befolgen, an Schlafende vorzüglich die physiognomische Elle anzusetzen, weil der Schlaf wie der Tod die ächte Form gröber ausprägt. Andere Schläfer außerhalb der Postkutsche würd' ich mit gedachter Elle weniger auszumessen rathen, immer in einiger Besorgniß bleibend, daß etwa ein Kerl, der sich nur schlafend stellte, sogleich, als ich nahe genug stände, wie im Traume aufspränge, und dem physiognomischen Meßkünstler in die eigne Gesichtsbildung einen so hinterlistigen Fauststreich versetzte, daß sie in keinem physiogno-

---

158) Der Staat sollte öfter die Maul- und Kindertrommeln der Dichter nicht mit Regiments- und Feuertrommeln verwechseln; wieder umgekehrt sollte der Bürger manche fürstliche Trommelsucht nur für eine Krankheit nehmen, worin der Patient blos durch die unter die Haut eingedrungene Luft sehr aufgeschwollen ist.

mischen Fragmente, weil sie selber eines geworden, mehr
floriren könnte, weder in punktirter Manier, noch in ge-
schabter. Und kann denn nicht der ehrlichste Schläfer von
der Welt, eben während ihr über dessen physiognomische
Leichen-Oeffnung her seid, losschlagen, von der Ehre in
einem Prügel-Traume angehetzt, und euch vielleicht mit
wenigen Handgriffen und Fußtritten in einen viel ewigern
Schlaf einwiegen, als der gewesen, woraus er aufge-
fahren?

In meinem sogenannten silhouettirenden Schattenspiele
kommt der Gesichter-Inhalt der schlafenden Postkutsche selber vor; erst darin werde ich euch breit belegen, warum
mir der Giftträger mit der Mord-Kuppel teuflisch erschie-
nen — der Zwerg alt-kindisch — die Hure matt-, und
schlaff-frech — mein Schwager ruhig-gesättigt von Rache
oder von Essen — der Legations-Rath Jean Pierre aber,
Gott weiß warum, als ein halber Engel, wiewol er sich
denken läßt, der halbe Engel, da nur der schöne Körper,
nicht die andere im Schlaf vergangene Hälfte, die Seele,
vor mir wirkte.

Beinahe vergäß' ich's, daß ich doch in meinem Dörf-
chen, während beide Schwäger, der Dragoner und der
Postillon tranken, eine kleine Furcht glücklich bestanden,
weil das Schicksal zwei Mal auf meiner Seite gewesen.
Ich sah unweit eines Jagdschlosses neben einem schönen
Baumklumpen eine weiße Tafel mit schwarzer Inschrift
schimmern. Dies ließ mich hoffen, daß mich dort ein klei-
nes Sarg-Kunstwerk, ein Ehren-Pfahl, irgend ein Treff-
Zier- und Spieß-Dank für einen Todten erwarte. Auf
einem unbetretenen blumigen Gewinde lang' ich vor dem
Schwarz auf Weiß an, und lese im Mondschein mit Entsetzen: Jedermann wird hier vor dem Selbstschuß ge-
warnt! So stand ich also vielleicht einen Fußzehen-Nagel
breit von dem Büchsenhahn, womit ich, wenn ich die Ferse

---

[89] In großen Städten lebt der Fremde die ersten Tage nach seiner
Ankunft blos von seinem Gelde im Gasthofe, erst darauf in den
Häusern seiner Freunde umsonst; langt man hingegen auf der
Erde an, wie z. B. ich, so wird man gerade die ersten Jahre hin-

rückte, mich selber als einen verblüfften Stocknarren und
Ladstock in die andere Welt, unter die Seligen hinein schoß.
Ich suchte vor allen Dingen mich mit den Fußnägeln in
den Boden wie einzubeißen und einzufressen — weil ich
wenigstens so lange am holden Leben bleiben konnte, als
ich mich fest pflöckte neben der da liegenden Atropos-Scheere
und Henkersbühne; — darauf wünscht' ich mich zu ent-
sinnen, auf welchen Steigen der Teufel mich unerschossen her-
beigeführt. Aber vor Angst hatt' ich Alles ausgeschwitzt, und
wußte gar nichts, — im nahen Höllendorf war kein Hund zu
ersehen und zu erschreien, der mich etwa aus dem Wasser hätte
holen können, und die beiden Schwäger soffen selig. Indeß
ich faßte Muth und Entschluß — schrieb auf einem Per-
gamentblatte meinen letzten Willen so wie meine zufällige
Sterbart nieder, und meinen Todes-Dank ans Bergelchen
— und flog dann mit vollen Segeln auf geradewohl und
geradeaus den kürzesten Weg hindurch, unter der Voraus-
setzung, mich bei jedem Schritte niederzuschießen und mir
so mit eigner Hand auf mein noch langes Lebenslicht den
Bonsoir oder Lichttödter zu setzen. Aber ohne Schuß kam
ich an. In der Schenke lachte freilich mehr als ein Narr
über mich, weil, was nur ein Narr wissen konnte, die
Warnungstafel schon seit 10 Jahren ohne Schüsse da geblieben, wie oft diese ohne jene. So aber steht's, ihr
Freunde, mit unserer Jagdpolizei, die gegen Alles warnt,
nur nicht gegen Warnungstafeln.

Uebrigens hatt' ich fast auf der ganzen Station leichte
Händel mit dem Postillon, weil er nicht von Viertelstunde
zu Viertelstunde halten wollte, wenn ich ausstieg, um zu
pissen. Leider sind freilich von Postknechten keine Urin-
propheten zu erwarten, da so selten Gelehrte aus Hallers
großer Physiologie es wissen, daß Aufschieben der gedachten
Sache teuflisches Steingut niederschlägt und zuletzt den In-
haber selber, weil diese Steingrube seltener der Blasen-

---

burch höflich freigehalten, in den andern und längern aber — denn
man bleibt oft sechzig Jahre — muß man wahrhaftig (ich habe
die Documente in Händen) jeden Tropfen und Bissen bezahlen, als
wäre man im großen Gasthofe zur Erde, was noch dazu wahr ist.

ſchneider als der Tod mit einem Grabe ſchließt. Hätten Poſtknechte geleſen, daß Tycho de Brahe wie eine Bombe am Zerſpringen ſtarb: ſie hielten lieber an; ſie fänden bei ſolchen mir ſo unerwarteten Kenntniſſen es vernünftig, daß ein Mann ſeinen Leichen=Stein zwar einmal auf ſich, aber nicht in ſich tragen will. Bin ich denn nicht ſogar in Weimar oft aus den längſten Abſchieds=Auftritten Schillers mit Thränen in den Augen hinausgelaufen, blos um (während ſeine Minerva mich im Ganzen erweichte) nicht von deren Meduſenkopf auf der Bruſt partiell verſteinert zu werden? Und kam ich nicht ins weinende Komödienhaus zurück und viel munterer in die allgemeine Rührung ein, weil ich dann nichts mehr zu erleichtern brauchte als mein Herz?

Sehr im Finſtern kamen wir in Niederſchöna an.

Dritte Station, von Niederſchöna nach Fläh.

Als ich am Poſthauſe, mit dem Auge auf meinen Mantelſack geheftet, in Gedanken da ſtehe: ſchmettert und ſchnaubt ein Vieh von Nachtwächter mir ſo nahe und unverſehens mit ſeiner Nacht=Tuba ins Ohr, daß ich ordentlich zurückſpringe, ich, den ſchon jede heftig=ſchnelle Anrede verdrießt. Gibt's denn keine mediciniſche Polizei gegen ſolche geblaſene Stunden=Lärmſibibus und Lärm=Kanonen, durch welche doch keine knallenden entbehrlich werden? Eigentlich ſollte Niemand mit dem Nachtwächter=Horne inveſtiret werden, als ein vernünftiger Mann, der ſich ſchon einen Bruch geblaſen oder gehoben hätte, und der im Stande wäre, ſeinen Stunden=Vers ſo leiſe abzuſingen, daß man nichts hörte.

Was ich längſt erwartet und der Zwerg vorausgeſagt, traf jetzt ein: aus der hohen Poſthaus=Pforte trat, tief ſich bückend, der Rieſe heraus und hob im Freien eine unvernünftig große Statur und Dito=Kopf mit der ellenhohen Mütze und Feder empor; mein Schwager ihm zur

---

112) Ich ſage aber Nein. Der Menſch ſtelle ſich ſo wie ſeinen Hut — wenn er ſich und dieſen nicht gerade gebrauche — beide um ſie zu ſchonen, ſo lange auf den Kopf, bis wieder getragen wird.

Seite schien nur sein vierzehnjähriger Sohn zu sein, und der Zwerg gar sein auf zwei Beinen aufwartendes Schooßhündchen. „Lieber Freund, sagte mein neckender Schwager, der ihn an mich und die Postkutsche geleitete, steig' Er ruhig ein, wir machen Ihm sämmtlich gern Platz. Kremp' Er sich nur recht zusammen, und leg Er den Kopf aufs Knie: so gehts." Der unnütze Necker hätte so gern den fast einfältigen Giganten — dem er's bald abgemerkt, daß dessen Gehirn kein schlauer Gast, sondern die negative Größe seines Rumpfes war — unter uns im bangen Postschrank und Nothstall vor sich gesehen zu einem Giespuckel eingeknüllt, und krumm geschlossen. „Gißt doch nit! Gißt gar nit!" sagte der Riese, als er hineinsah. „Der Herr Soldat wissen vielleicht nicht, versetzte der Zwerg, wie groß ein Riese ist; und Er denken, weil Ich hinein gehe — Aber das ist ein anderes Loch — Ich will überall hineinpassen, man sage mir nur wo." —

Kurz es war kein Ausweg für den Postmeister und den Riesen, als daß sich dieser hinten auf das Passagier-Waarenlager stellte und setzte, sich als eine Thränenweide herüberbeugend über den ganzen Kutschenkasten. Mich selber konnte ein solcher Rückenwind und Rückhalt nicht außerordentlich ergötzen; und ich traue (hoff' ich) jedem von Euch, Ihr Freunde, zu, daß er hinter einem solchen Rücken-Decret so gut und so hell wie ich überschlagen hätte, was ein Kerl und Riese hinter ihm, ein Nach-Fahrer in allerlei Sinne etwa Mordendes probieren könne, es sei nun, daß er durch das Rückenfenster des Wagens einbräche und angreife oder sich überhaupt mit Titanen-Macht oben über den Kutschen-Himmel hermache. Indessen fing der oben mit gekreuzten Armen auf dem Kasten liegende Elephant — der aber von seinem Gleichniß mehr die drückende Masse, als das fliegende Geistes-Licht zu haben schien — bald zu schlafen und zu schnarchen an; ein Ele-

---

10) Die Weltepochen feiern — wie die spanischen Könige — Regierungsantritt, Volljährigkeit, Vermählung — gern mit Scheiterhaufen (Autodafés), Treffen-Ausbrennungen der Weisen oder auch der Irrgläubigen.

phant, wovon (wie ich immer froher einsah) mein Schwager der Dragoner leicht der Cornak und Bändiger sein konnte, ja schon gewesen war.

Da jetzt mehr als eine Person schlafen wollte, aber (mit Recht) ich hingegen wachen: so bot ich gern meinen Fahr-Ehrensitz, den Vordersitz (auch um manchen Neid der Passagiere zu tilgen) solchen Personen an, die auf ihm ein wenig schlummern wollten. Der Legationsmann ergriff das Anerbieten und den Lehn-Polster mit Hast, und entschlief an der Rücklehne des Titans hinter ihm. Etwas unbegreiflich blieb mir dergleichen Post-Schlaf von einem diplomatischen Chargé d'affaires. Ein Mann, der so mitten unter einer blutfremden, oft blutdürstigen Genossenschaft entschläft, kann ja, wenn er im Schlummer und Wagen spricht (denkt nur alle an den sächsischen Minister vor dem siebenjährigen Kriege!) hundert Geheimnisse, tausend Schandthaten herausstoßen, die er kaum verübt hat. Sollte nicht jedem Minister, Gesandten oder andern Mann von Ehre und Stand ordentlich grausen vor Tollwerden oder hitzigen Fiebern, da ihm kein Mensch dafür steht, daß er nicht darin mit den größten Scandalen herausfährt, wovon vielleicht die Hälfte Lügen sind?

Endlich nach der langen Julius-Nacht kamen wir Passagiere sammt der Aurora vor Flätz an. Ich sah scharf und weich nach den Thurmspitzen; ich glaube, daß jeder Mensch, der in einer Stadt etwas Entscheidendes zu su-

---

144) Der Recensent gebraucht seine Feder eigentlich nicht zum Schreiben, sondern er weckt mit deren Brandgeruch Ohnmächtige auf, kitzelt mit ihr den Schlund des Plagiarius zum Wiedergeben, und stochert mit ihr seine Zähne aus. Er ist der Einzige im ganzen gelehrten Lexikon, der sich nie ausschreiben und ausschöpfen kann, er mag ein Jahrhundert oder ein Jahrtausend vor dem Tintenfasse sitzen. Denn indeß der Gelehrte, der Philosoph und der Dichter das neue Buch nur aus neuem Stoff und Zuwachs schaffen, legt der Recensent blos sein altes Maß von Einsicht und Geschmack an tausend neue Werke an, und sein altes Licht bricht sich an der vorbeiziehenden stets verschieden geschliffnen Gläser-Welt, die er beleuchtet, in neue Farben.

chen hat, und dem sie entweder ein Richtplatz seiner Hoffnungen oder deren Ankerplatz, entweder Schlacht- oder Zuckerfeld wird, sein Auge am ersten und längsten auf die Thürme der Stadt, als auf die Zeigefinger und Züngelchen seiner Zukunftswage heftet; gleichsam architektonische Berge, welche, wie die natürlichen, die Thronen unserer Zukunft sind. Als ich mich damit zu dichterisch gegen Jean Pierre herausließ: so antwortete er geschmacklos genug: „Die Thürme solcher Städte sind ja die Alpenspitzen, worauf wir den Alpenkäse unserer Zukunft suchen und melken." Wollte der Legations-Peter mit diesem Style mich lächerlich machen, oder nur sich? — Entscheidet!

„Hier ist der Ort, die Stadt, sagt' ich heimlich zu mir, wo heute viel und über Zukünfte entschieden wird, wo du diesen Abend um fünf Uhr deine Bittschrift und halb dich selber übergibst; — geh' es doch gut! geh' es herrlich! Werde Flätz, dieser Waffenplatz deiner kleinen Bestrebungen, zugleich die Baustelle von Lust- und Luft-Schlössern zweier Herzen, des deinigen und des weiblichen!"

Im Gasthofe zum Tiger stieg ich ab.

Erster Tag in Flätz.

Kein Mensch wird sich Anfangs in meiner Tigerhotels-Lage stark enthusiasmiren über die nächsten Aussichten. Ich als der einzige mir bekannte Mensch, besonders von der Seite der Liebe, (vom abgehenden Dragoner nachher!) saß aus den Fenstern des mit Marktgästen sich vollstopfenden Gasthofs heraus und auf das Nachströmen des Marktheeres hernieder und konnte sehr bald bedenken, daß eigentlich Niemand als Gott und die Spitzbuben und Mörder genau wußten, wie viel von beiden letztern darunter mit einschwämmen, um vielleicht die unschuldigsten Marktgäste theils zu enthülsen, theils zu enthalsen. Meine Lage hatte etwas

---

107) Deutschland ist ein langes erhabnes Gebirge — unter dem Meer.
18) Unter Selbststillen versteht man nicht, wie beim Tatzen-saugenden Bären, daß man sich selber an die eigne Brust lege, sondern daß man Andere nicht durch Andere säugen lasse; so aber sollte auch das Wort Selbstliebe im Gebrauche sein.

gegen sich — mein Schwager hatte, weil er alles blind herausschlägt, es fallen lassen, daß ich im Tiger abstiege — (o Gott, wann lernen solche Menschen geheimnißreich bleiben, und auch den elendesten Bettel des Lebens unter Deckmänteln und Schleiern blos deshalb zu tragen, weil so oft eine lausige Maus einen Eis- und Golgatha-Berg gebiert als ein Berg eine Maus?) Sämmtliches Post-Gesindel saß sämmtlich im Tiger ab — die Hure — der Kammerjäger — Jean Pierre — der Riese, der schon am Stadtthore ausstieg und den Großkopf des Zwergs als eigenen Kopf durch Mantel-Bemäntelung über die Straßen trug, damit er um einen halben Zwerg gratis riesenhafter erschiene, als er eigentlich für Geld zu sehen war. — —

Es kam nun auf jeden ausgestiegenen Passagier an, ob er zum Tiger, dem Wappenthiere des Gasthofs, den Prototypus machen, und welches Lamm er dann fressen, aussaugen, abrupfen wollte. Auch mein Schwager verließ mich, um einem Roßtäuscher nachzuziehen, behielt aber für seine Schwester sein Zimmer neben meinem; dies sollte, wie es schien, Aufmerksamkeit für sie verrathen. Ich blieb einsam meiner Thatkraft überlassen.

Gleichwol dacht' ich unter so vielen Spitzbuben, die mich umzingelten, wenn nicht gar belagerten, warm an eine ferne, redliche Seele, an meine Berga in Neusattel, ein Mark- und Kraft-Herz, das vielleicht manchem schwachen Ehe-Bündner mehr Schutz gewähren, als verdanken würde. Erscheine nur Morgen Mittags recht bald, Berga, sagte mein Herz, und wo möglich noch Vormittags, damit ich dein Jahrmarkts-Paradies um so viele Stunden länger ausdehne, als du um frühere anlangst!

---

97) Daher schließ' ich, daß Schmelzle gut predigt, schon aus seinen vielen Kenntnissen und Wortspielen. Die theologische Welt auf Kathedern, noch mehr die auf Kanzeln verdient das Lob, daß sie gleichsam der Lichtsammler oder Licht-Fang oder Lichtmagnet der besten Strahlen und Entdeckungen ist, die aus andern Wissenschaften ausgehen, besonders derer aus der Philosophie und Dichtkunst; sie selber entdeckt eigentlich nichts als eben die passiven Diebs-Inseln, wo sie ihre Gewürze abholt. So findet man in Predigten, z. B. in Marezolls Kanzelstücken einen reichen Fund

Ein Geistlicher läuft mitten im Weltsturm leicht in einen Freihafen ein, in die Kirche; die Kirchenmauer ist seine Schießhaus=Mauer und Fortification; und dahinter sitzen gleichergestimmte und friedlichere Seelen beisammen als auf dem Marktplatz — kurz ich ging in die Hofkirche. Inzwischen wurde ich in meiner Lieder=Andacht ein wenig verrückt durch einen Heiducken, der einem wohlgekleideten jungen Herrn mir gegenüber die Doppellorgnette von der Nase abriß, weil in Flätz so wie in Dresden Gläser, die verkleinern und nähern, gegen den Hof verstoßen; ich hatte zwar selber eines aufgesetzt, aber es vergrößerte. Ich konnte mich unmöglich dahin bringen, die Brille abzunehmen, und ich werde hier, fürcht' ich, wieder als Starrkopf und Waghals aussehen; blos dies hielt ich für schicklich, in Einem fort mit ihr ins Gesangbuch zu blicken und nicht einmal, da der Hof einrauschte, aufzuschauen, um Winke zu geben, daß sie erhaben geschliffen. — Die Predigt übriges war gut, wenn auch nicht immer fein bedacht, für eine Hof= kirche; denn sie mahnte von unzähligen Lastern ab, zu deren Widerspielen, den Tugenden, ein anderer Prediger so leicht hätte ermahnen können! Unter dem ganzen Gottesdienste trachtete ich wahre tiefe Ehrerbietung an den Tag zu legen, sowol gegen Gott, als gegen meinen erhabnen Landes= herrn. Zur letztern Ehrerbietung hatte ich noch meinen Privat=Grund; ich wollte solche nämlich recht öffentlich und stark mit erhabnen Schrift=Punzen auf meinem Gesicht aus= prägen, um irgend einem eingefleischten Schadenfroh am Hofe Lügen zu strafen, der etwa meine neuliche Wider= legung von Linguets Lob auf Nero und meine deutsche

---

fremder Erfindungen; und überhaupt gibt's wenige Entdeckungen in der Philosophie und Moral, welche ein Jahrfünf oder Jahr= zehend später, nachdem sie ihren Schöpfer berühmt gemacht, nicht den Nachschöpfer in der theologischen Welt — diese Erbin ihrer Magd, der Philosophie — noch zehn Mal größer und reicher ge= macht hätten, sobald er nur Kanzel=Wasser genug zum Einflößen der fremden Bissen (boli) aufgegossen hatte. Aber hier möcht' ich gern auf einen Unterschied der meisten Lutherischen Prediger von den Mönchen zeigen, der nicht ganz zum Nachtheil der erstern aus=

freie Satire auf diesen wahren Thrannen selber, die ich ins Flätzische Wochenblatt eingeschickt, möchte zu einem heimlichen Charaktergemälde meines Fürsten umzudrehen beliebet haben. Leider kann man jetzt kaum auf den höllischen Teufel selber eine Stachelschrift abfassen, ohne daß irgend ein menschlicher sie auf einen Engel applicirt.

Als endlich der Hof aus der Kirche in den Wagen stieg, hielt ich mich in solcher Entfernung, daß mein Gesicht unmöglich wäre zu sehen gewesen, falls ich etwa in der Nähe kein ehrerbietiges, sondern ein zu stolzes gezogen hätte. Gott weiß, wer mir allein jene toll-kecken Phantasien und Gelüste eingeknetet hat, die vielleicht einem Helden Schabacker mehr anständen als einem Feldprediger unter ihm. Ich kann hier nicht umhin, eine der frechsten Euch, meinen Freunden, zu vertrauen, würfe sie auch Anfangs ein zu grelles Licht auf mich. Es war bei meiner Ordination zum Feldprediger, als ich zum h. Abendmahle ging am ersten Ostertag. Während ich nun so da stand, weich bewegt vor dem Altargeländer mit der ganzen Männer-Gemeinde — ja, ich vielleicht stärker gerührt, als Einer darunter, weil ich als ein in den Krieg Ziehender mich ja halb als einen Sterbenden betrachten durfte, der nun wie ein zu Henkender die letzte Seelenmahlzeit empfängt — so warf in mir, mitten in die Rührung von Orgel und Sang, etwas — sei es nun der erste Osterfeiertag gewesen, der mich auf das sogenannte alte christliche Ostergelächter brachte, oder der blose Abstich teuflischer Lagen gegen die gerührtesten — kurz Etwas in mir (weswegen ich seitdem jeden Einfältigern in Schutz nehme, der sonst

---

schlägt. Der Mönch darf (C. Q. X. de stat. monach.) nichts Eigenes haben, bei Strafe unehrlichen Begräbnisses, und jedes Eigenthum wird ihm als Kirchenraub angerechnet. Mich dünkt aber, der Lutherische Kanzelredner demüthigt und entäußert sich weit mehr, wenn er auch, im höhern Geistigen, wo er noch schön und frei zu wählen hat — da über das Eigenthum des Körperlichen ohnehin in seinem Namen das Kammercollegium das Armuths-Gelübde ablegt — kurz, wenn er, was Gedanken anlangt, gar nichts Eignes hat und haben will.

dergleichen dem Teufel anschrieb!) — dies Etwas warf die Frage in mir auf: „gäb' es denn etwas Höllischeres, als wenn du mitten im Empfange des h. Abendmahls verrucht und spöttisch zu lachen anfingest?" Sogleich rang ich mich mit diesem Höllenhund von Einfall herum — versäumte die stärksten Rührungen, um nur den Hund im Gesichte zu behalten, und abzutreiben — kam aber von ihm abgemattet und begleitet vor dem Altar-Schemel mit der jammervollen Gewißheit an, daß ich nun in Kurzem ohne Weiteres zu lachen anfangen würde, ich möchte innen weinen und stöhnen, wie ich wollte. Als daher ich und ein sehr würdiger alter Bürgermeister uns mit einander vor dem langen Geistlichen verbeugten und letzterer mir (vielleicht kam er mir auf dem niedrigen Kniepolster zu lang vor) die Oblate in den klemmen Mund steckte: so spürt' ich schon, daß an den Mundwinkeln alle Lachmuskeln sardonisch zu ziehen anfingen, die auch nicht lange an der unschuldigen Gesichtshaut arbeiteten, als schon ein wirkliches Lächeln darauf erschien — und als wir uns gar zum zweiten Male verneigten, so grinzte ich wie ein Affe. Mein Nebenmann der Bürgermeister, redete ganz mit Recht, als wir hinter den Altar umgingen, mich leise an: „Um Gottes Willen, sind Sie ein ordinirter Prediger oder ein Pritschenmeister? — Lacht denn der lebendige Gott-Seibeiuns aus Ihnen?" — „Ach, Gott! wer denn sonst?" sagt' ich; erst nachher bracht' ich meine Andacht ernsthafter zu Ende.

Aus der Kirche — (ich komme wieder in die Flätzer) — ging ich in den Gasthof zum Tiger, und aß an der Wirthstafel, weil ich nie menschenscheu bin. Vor dem zweiten Gerichte reichte mir der Kellner einen leeren Teller, worauf ich zu meinem Erstaunen einen französischen Vers mit der Gabel eingekratzt erblickte, der nicht Geringeres enthielt als ein Pasquill auf den Commandanten von Flätz.

---

71) Der Jüngling ist aus Willkür sonderbar, und freuet sich; der Mann ist's unabsichtlich und gezwungen, und ärgert sich.
198) Der Pöbel und das Vieh schwindeln auf keinem Abgrunds-Abhang, aber wol der Mensch.

Ohne Umstände bot ich den Teller der Tischgesellschaft hin und sagte, ich hätte das pasquillantische Geschirr, wie sie sähen, eben bekommen, und bäte sie zu bezeugen, daß der Handel mich nichts angehe. Ein Officier wechselte sogleich mit mir Teller. Bei dem fünften Gerichte durft' ich mich über die chemisch-medicinischen Unkenntnisse der Tischgesellschaft verwundern, indem ein Hase, aus welchem ein Herr mehre Schrotkörner, das heißt also ein mit Arsenik versetztes und durch den warmen Essig nun aufgelöstes Blei, öffentlich herausgezogen und vorgezeigt hatte, von den Zuschauern (mich ausgenommen) lustig fortgespeiset wurde.

Unter den Tischgesprächen faßte mich eines gewaltig bei meiner schwachen Seite, bei meiner Ehre. Es wurde nämlich der Gerichts-Gebrauch der Residenz erzählt, daß ein unzüchtiges Mädchen Jeden, wen eine solche Dirne dazu wähle, in den Vater ihres Wurms verkehren könne blos durch ihr Eidwort. „Schrecklich! — sagt' ich, und mir stand das Haar zu Berg. — Auf diese Weise kann sich ja der erste beste Hausvater mit Frau und Kinder, oder ein Geistlicher, der im Tiger logiert, von der ersten schlimmsten Aufwärterin, die er oder die ihn leider Abends zufällig kennen lernen, um Ehre und Unschuld gebracht sehen?" Ein ältlicher Officier fragte: „soll denn aber das Mädchen sich lieber zum Teufel schwören?" Welche Logik! — Oder gesetzt, fuhr ich ohne Antwort fort, ein Mann reiset mit jenem Wiener Schlossergesellen, der nachher Mutter wurde, und mit einem Söhnchen niederkam, oder mit irgend einem verkleideten Ritter d'Eon, mit dem er häufig übernachtet; und der Schlossergeselle oder der Ritter dürfen dann ihre Beilager beeidigen: so kann ja kein zarter Mann zuletzt mehr mir einem andern reiten und fahren, weil er nicht

---

11) Das goldne Kalb der Selbstsucht wächst bald zum glühenden Phalaris-Ochsen, der seinen Vater und Anbeter einäschert.

103) Das männliche Schmarotzer-Gewächs an den weiblichen Rosen und Lilien muß (wenn ich dessen Schmeicheln recht fasse) wahrscheinlich bei den Schönen die Sitte der Italiener und Spanier voraussetzen, welche jede Kostbarkeit Dem zum Geschenk anbieten, der solche sehr lobt.

weiß, wann dieser die Stiefel auszieht und die Weiberschuhe an, und ihn dann zum Vater schwört und sich zum Teufel?

Aber einige von der Tischgesellschaft vergriffen sich in meinem Kanzel-Feuer so sehr, daß sie schafsmäßig zu glauben andeuteten: ich selber sei in diesem Punkte nicht richtig, sondern lax. Beim Himmel! ich wußte da nicht mehr, was ich fraß und sprach. Zum Glücke wurde mir gegenüber eben die Lüge irgend einer französischen Niederlage ausgesagt; da ich nun an den Straßenecken die französische und deutsche Proclamation angesehen, welche Jeden, der Kriegsberichte — nämlich nachtheilige — anhört, ohne sie anzuzeigen, vor das Kriegsgericht bestellt: so konnt' ich als ein Mann, der sich nie gern vergessen will, wol nichts Klügeres thun, als davon gehen mit leeren Ohren und nur dem Wirthe rapportiren warum.

Es war keine unrechte Zeit, denn absichtlich um 4½ Uhr wollt' ich mir den Bart scheeren lassen, um gegen fünf so recht mit einem vom Balbiermesser-Glättzahn geleckten Kinn, wie glattes Velinpapier, ohne Wurzelstöcke vom Kinnhaare (Barthaare ist Pleonasmus) auf- und vorzutreten. Vorher goß ich, wie Pitt vor Parlamentssitzungen, verdammt viel Pontak mit wahrem Ekel in meinen Magen hinunter gegen jede Heillehre und Sperrordnung desselben, nicht sowol um den leichten fremden Bartputzer zu bestehen, als den Minister-General Schabacker, mit welchem ich eines und das andere Feuerwort zu wechseln vorhatte.

Es kam der gewöhnliche Fremden-Balbier des Hotels, hatte aber sogleich in seinem viellinigen ausgezackten Gesichte mehr von einem endlich toll werdenden, als von einem weiser werdenden Manne an sich. Tolle nun hass' ich unglaublich, und bin daher in kein Tollhaus zu bringen, weil da der erste beste Wüthige mich mit Riesenfäusten erschnappt, wenn er mag, und weil ich überhaupt der An-

---

199) Aber wenige gegenwärtige Staaten, glaub' ich, köpfen unter dem Vorwande, zu trepaniren — oder heften (in einer gesuchtern Allegorie) die Lippen zusammen unter dem Vorwand, deren Hasenscharten zuzunähen.

steckung wegen nicht weiß, ob ich wieder mit dem Verstande herauskomme, den ich hineintrage. — Gewöhnlich sitz' ich (bin ich eingeseift) dergestalt auf dem Stuhle, daß ich beide Hände (den Blick spann' ich scharf gegen das balbierende Gesicht) auf den Schenkeln dem Zwergfell des Balbiers gegenüber schlagfertig liegen habe, um ihn bei der kleinsten zweideutigen Bewegung wie wüthig umzustoßen.

Ich weiß kaum recht, wie es zuging, aber indeß ich mich ins närrisch=gewundene Gewicht des Bartputzers vertiefe und da er eben das lang' gewetzte Schlacht=Messer etwas vorschnell gegen meine entblößte Gurgel führte: so gab ich dem Feld= und Bartscheerer einen so plötzlichen Stoß auf den Nabel, daß der Mann sich im Fallen balb selber selbstmörderisch die Gurgel abgeschnitten hätte. Mir blieb freilich nichts davon als Gutmachungen und eine gegen meine sonstigen Grundsätze umgebundene geschwollne Cravatte als Deckmantel dessen, was unbeschoren geblieben.

Jetzt brach ich denn endlich zum General auf, und trank die Pontaks=Reste noch unter der Schwelle aus. Ich hoffe, in mir lagen Plane fertig, richtig zu antworten, ja zu fragen. Das Bittschreiben hatt' ich in der Tasche, und in der rechten Hand. In der linken hatt' ich dessen Duplicat. Mein Feuer half mir leicht über alle ministeriellen lebendigen Zäune hinüber, und ich befand bald mich unverhofft im Vorzimmer unter seinen vornehmsten Lakaien, die, so viel ich merkte, nichts verpassen sollten. Ich überreichte dem Ansehnlichsten meine papierne Bitte mit der mündlichen, sie seiner Seits zu überreichen. Er nahm sie, aber unverbindlich. Ich wartete tief in die Stunde 6 Uhr hinein vergeblich, worin allein dem frohen Generale Manches vorzutragen ist. Endlich erseh' ich einen Stief= oder Duzbruder des vorigen Lakaien, und wiederhole mein Gesuch; dieser rennt umsonst umher, um Bruder oder Schreiben zu suchen — nichts war zu finden: — wie glücklich war

---

12) Die Einzelwesen haben Lehrjahre, die Staaten Lehrjahrhunderte; — aber sind beide freigesprochen, so sind doch wieder Lehrstunden und Sonntagsschulen nachzuholen.

ich, daß ich das Duplicat der Bittschrift mitten im Pontak vor dem Rasieren mir wieder abgeschrieben, und also — blos aus dem Grundsatz, daß man immer ein zweites hölzernes Bein im Mantelsack eingepackt haben müsse, wenn man ein erstes am Leibe habe — und aus der Furcht, daß, wenn mir das Urschreiben auf dem Wege vom Tiger zu Schabacker verloren ginge, meine ganze Reise und Hoffnung zu Wasser müßte werden — Dies, sag' ich, war gut, daß ich das Repetirwerk des Urschreibens eingesteckt hatte, und folglich in jedem Falle etwas, und zwar ein detto, einzuhändigen vermochte. Ich händigte daſſelbe ein.

Leider nur war schon sechs Uhr vorbei. Der Lakai aber blieb nicht lange aus, sondern brachte mir bald — ich möchte sagen den Predigt-Text dieses Cirkelbriefes — die fast rohe Antwort (die Ihr, Freunde, aber aus Achtung für mich und Schabacker geheim zu halten habt): „falls ich der Attila Schmelzle beim Schabackerschen Regiment wäre, so möcht' ich mich nur mit meinem Hasenpanier wieder zum Teufel scheeren, wie ich bei Pimpelstadt gethan." Ein Anderer wäre auf dem Platze geblieben; ich aber ging ganz derb davon, und versetzte dem Kerl: „ich scheere mich auch willig zum Teufel, und scheere mich den Teufel darum." Unterwegs untersucht' ich mich selber, ob nicht etwa der Pontak aus mir gesprochen — wiewol schon die Untersuchung widerspricht, da kein Pontak untersucht; — aber ich fand, daß nur ich, mein Herz, vielleicht mein Muth etwas gesprochen; und wozu denn überhaupt Kleinmuth, da das Vermögen meiner guten Frau mich ja besser besoldet als zehn katechetische Professuren, und da sie alle Ecken meines Buchs des Lebens mit so viel goldnen Beschlägen versieht, daß ich es, ohne es abzunützen, immer aufschlagen kann? — Schwangere mögen bei Schrecken an den Hintern greifen, um das Muttermal des Versehens

---

67) Gastfreiheits-Wirth, willst du deinen Gast erforschen? Begleite ihn zu einem andern Wirthe und höre zu! — Eben so: willst du deine Geliebte in Einer Stunde besser kennen lernen als in Einem Monate Zusammenlebens? Sieh' ihr eine Stunde lang unter Freundinnen und Feindinnen (wenn dies kein Pleonasmus ist) zu!

dorthin zu verstecken; ich griff bei dem Muthe ans Herz, und sagte: „schlage dich nur tapfer durch! wer auch dabei geschlagen werde!" Ich fühlte mich ganz erhoben und erhitzt — ich dachte mir Republiken, wo ich als Held nach Hause kommen könnte — ich sehnte mich in jene heroischen Griechen-Zeiten hinein, wo ein Held vom andern Prügel gern einsteckte und sagte: schlage nur, aber höre mich! und aus unsern feigen heraus, wo man kaum Schimpfworte aushält, geschweige mehr — ich malte mir es aus, wie ich mich fühlen würde, wenn ich in glücklichern Umgebungen After-Thronen umwürfe und vor ganzen Völkern auf Großthaten wie auf Tempel-Stufen unsterblich aufstiege und in gigantischen Zeiten ganz andere und größere Männer zu übermannen und zu übertreffen fände als jetzt den Milben-Pöbel um mich her und höchstens den einen und den andern Vulcanello. Ich dachte — und machte mich immer wilder und ich selber berauschte mich (also kein Pontaks-Rausch, der bekanntlich mehr durch als ohne Trinken wächst), und gesticulirte öffentlich — als ich mich fragte: „willst du ein bloser Staats-Schooßhund werden — ein Hunds-Hund — ein pium desiderium eines impii desiderii — ein Ex-Ex — ein Nichts-Nichts? — — O Sackerment!" Darüber stieß ich mir aber meinen Hut in den Markt-Koth. Da ich ihn aufhob und säuberte, sah ich überall, wie verschoffen er war, und entschloß mich sogleich einen neuen zu kaufen und Anfangs selber zu tragen in der Hand.

Ich vollzog's und erhandelte einen vom feinsten Kaliber. Sonderbar, durch diesen Hut, als wär's ein Magister-Hut, wurde in der Ziegengasse ordentlich mein Kopf geprüft und examinirt. Da nämlich der General Schabacker darin daher fuhr, und ich (wie sich wol von selber versteht) mich nicht durch gemeine Grobheit, sondern durch Höflichkeit rächen wollte: so bekam ich eine der kitzlichsten Aufgaben zu lösen vor. Schwenkt' ich nämlich blos den

---

80) Im Sommer des Lebens graben und statten die Menschen Eisgruben so gut als möglich aus, um sich doch für ihren Winter etwas aufzuheben, was fortkühlt.

feinen Filz, den ich schon in der Hand trug, behielt aber den verschossenen auf dem Kopfe: so könnt' ich einem Grobian von Haus aus ähnlich sehen, der nichts abzieht; zog ich hingegen den alten vom Kopfe und hofierte damit: so spielten zwei Filze auf einmal (ich mochte nun den andern mitbewegen oder nicht) die Sache ins Lächerliche. Nun stimmt doch ab, Ihr Freunde, eh' Ihr weiter leset, wie man sich hier herauszuziehen hätte, ohne den Kopf zu verlieren! .... Ich glaube vielleicht dadurch, daß man blos den Hut verliert; kurz und gut, ich ließ eben geradezu den Putz-Hut aus der Hand in den Koth fallen, um mich in Stand zu setzen, den Sudel-Hut einsam abzunehmen und mit nöthiger Höflichkeit zu schwenken ohne einen Anstrich von Lächerlichkeit.

Im Tiger ließ ich — um etwas schließen zu lassen — den brillantirten Fein-Fein-Fein-Filz früher ausbürsten als den Kothsassen- oder Charteken-Hut.

Nun ging ich, meine wichtige Vergangenheit in der Adjustir- und Probierwage tragend, feurig auf und nieder. Der Pontak mußte — ich weiß wol, daß es hienieden nur unächten gibt — ein noch unächterer gewesen sein; so sehr jagte er meine Phantasie in ein Feuer nach dem andern. Ich sah jetzt in ein weites glänzendes Leben hinein, wo ich ohne Amt lebte blos von Geld; und das ich gleichsam mit den delphischen Höhlen und Zenonischen Gängen und Musenbergen aller der Wissenschaften übersäet sah, die ich ruhig treiben konnte. Besonders konnte ich mich mehr auf Preisschriften bei Akademien legen, deren (nämlich der Schriften) sich kein Urheber jemals zu schämen braucht, weil eine ganze krönende Akademie in jedem Falle für den Coronanden steht und erröthet. Schießt auch der Preiswerber neben der Krone vorbei, so bleibt

---

28) Es ist mir unmöglich, sogleich auf der Stelle unter dem Wasserästen-Wald von Anspielungen in meinen Werken — sogar diese ist wieder ein Ast — herauszubringen und darauf zu fallen, ob ich je die sämmtlichen Höfe oder Höhen die (Bouguer'sche) Schneelinie Europa's genannt habe oder nicht, ich wünschte aber Belehrung darüber, um es im widrigen Falle etwa noch zu thun.

er doch stets unbekannter und anonymer (da man seine Devise nicht entsiegelt) als ein anderer Autor, der zwar namenlos ein Langohr von Buch edirt, den aber doch bald ein literarisches Eselbegräbniß (sepultura asinina) öffentlich vor der halben Welt einsenkt.

Nur etwas dauerte mich voraus, das Leid meiner Berga, welcher ich morgen, der lieben Müde-Gereisten, die Ankunft und die abgekürzte Markt-Schau mit meiner abschlägigen Nachricht versalzen mußte. Sie wollte so gern in Neusattel — und wer verübelt's einer reichen Pächters-Tochter — etwas vorstellen, und manche Honoratiorin ausstechen — Jeder Mensch verlangt sein Parade-Plätzchen und eine frühere lebendigere Ehre, als die letzte Ehre — Besonders will eine so gute niedriggeborene, sich vielleicht mehr ihres metallischen, als ihres geistigen Schatzes und Tilgungsfonds bewußt, doch bei Ehrengelagen Meisterin von irgend einem Stuhl oder Stühlchen sein, und über die erste beste dumme gerupfte Gans loci hinaufsitzen.

Dazu sind nun Ehemänner so unentbehrlich. Ich nahm mir daher vor, mir und folglich ihr einen der besten Titel, womit die Höfe in Deutschland (gleichsam wie in einem Auerbachs-Hof in Leipzig) vom Adel und Halbadel an bis zum Rathe herunter in Einem fort feil stehen, anzukaufen und dieser geadelten Seele durch meinen Viertels-Adel einen solchen Achtels-Adel zuzuspielen, daß (hoff' ich) manche gemeine nebenbuhlerische Neusattlerin vom Neide halb geborsten sagen und rufen soll: „ei du dummes Pachters-Ding! Seht doch, wie das schwänzelt und webelt! Es denkt nicht daran, was es mit ihm wäre, wenn es keinen Geldsack und keinen Hofrath hätte! —" Denn Letzteres nämlich müßt' ich etwa vorher geworden sein.

---

36) Und so wünscht' ich überall der Erste zu sein, besonders im Betteln; der erste Kriegsgefangene, der erste Krüppel, der erste Abgebrannte (ähnlich dem, der die erste Feuerspritze anführt) erbeutet die Hauptsumme und das Herz; der Nachkömmling spricht die Pflicht nur an; und endlich geht es mit dem melodischen Mancando des Mitleids so weit herunter, daß der letzte — wenn der vorletzte wenig-

Aber ich ſehnte mich in der kalten Einſamkeit meines
Zimmers und im Feuer meiner Erinnerungen unbeſchreib-
lich nach dem Bergelchen — ich und mein Herz waren
müde vom fremden treibenden Tage — Niemand um mich
her ſagte mir ein gutes Wort, das er nicht in die Wirths-
Rechnung zu bringen verhoffte. — Freunde, ich ſchmach-
tete nach der Freundin, deren Herz gern das Blut zum
Balſam für ein zweites vergießt — ich verfluchte meine
überklugen Maßregeln, daß ich nicht, um die Gute ſogleich
mit mir zu nehmen, lieber das dumme Hausweſen allen
Spitzbuben und Feuerſchäden Preis gegeben — Im Auf-
und Abgehen ward es mir immer leichter, alles zu wer-
ben, jeder Kammerrath, Accisrath, anderer Rath, und was
ſie nur befahl, wenn ſie ankäme.

„Mach' dir nur einen guten Tag in der Stadt!"
ſagte Bergelchen dieſe ganze Woche hindurch. Aber wie
iſt einer ohne ſie zu machen? Unſere Trauerthränen trock-
nen auch Freunde ab und begleiten ſie mit eigenen;
aber unſere Freudenthränen finden wir am leichteſten in
den Augen unſerer Frauen wieder. — Verzeiht, Freunde,
dieſe Libationen meiner Rührung — ich zeig' Euch nur
mein Herz und meine Berga — Bedarf ich eines Ablaß-
Krämers, ſo nehmt den Pontaks-Krämer dazu.

Erſte Nacht in Fläz.

Gleichwol nahm mir der Wein die Beſonnenheit nicht,
vor dem Bette-Gehen unter das Bette zu ſehen, ob Jemand darunter lauere, z. B. die Hure, der Zwerg, oder
der Legationsrath, ferner den Schlüſſel unter den Thür-
brücker (die beſte Sperr-Ordnung unter allen) zu ſchieben,
dann zum Ueberfluſſe meine Nacht-Schraube an die Thüre
einzubohren und endlich davor noch die Seſſel überein-

ſtens noch mit einem reichen „Gotthelf" beſchwert abzieht — nichts
von der mildthätigen Hand mehr erhält als deren Fauſt. Wie
nun im Betteln der Erſte, ſo möcht' ich im Geben der Letzte ſein;
Einer löſcht den Andern aus, beſonders der Letzte den Erſten. So
aber iſt die Welt beſtellt.

anber zu bauen, und Beinkleider und Schuhe anzubehalten, weil ich durchaus nichts besorgen wollte.

Ich hatte aber noch andere Sachen des Nachtwandels wegen abzuthun. Mir war's überhaupt von jeher unbegreiflich, wie so viele Menschen zu Bette gehen, und darin gesetzt liegen können, ohne zu bedenken, daß sie vielleicht im ersten Schlafe sich aufmachen als Nachtwandler, und auf Dächer hinauskriechen und irgendwo erwachen, wo sie den Hals brechen, und den Rest. Ja es wäre mir schon Gefahr genug, wenn ein unbescholtner Mann, ein Feldprediger, im eigenen Bette einschliefe und etwa auf den Seidenpolstern im Schlafgemache der vornehmsten Dame in der Stadt aufwachte, von der er vielleicht sein Glück erwartet. Bin ich zu Hause, so wag' ich wenig mit Schlaf; — weil ich, da meine rechte Fußzehe jede Nacht mit einem drei Ellen langen Wickelbande (ich nenn' es scherzend unser eheliches Band) an die linke Hand meiner Frau angeschlungen wird, die Gewißheit habe, daß ich, falls ich aus dem Bett-Arrest herausginge, mit dem Sperrstrick sie wecken und ich folglich von ihr als meinem lebendigen Zaun an der Nachtschnur wieder ins Bett würde zurückgezogen werden. Im Gasthof aber konnt' ich nichts thun als mich einige Male an den Bettfuß schnüren, um nicht zu wandern; obgleich alsdann einbrechende Spitzbuben neue Noth mitbringen konnten. Ach, so gefährlich ist alles Schlafen, daß leider Jeder, der nicht auf dem Rücken wie ein Leichnam da liegt, besorgen muß, mit dem Ganzen schlafe auch ein oder das andere Gliedmaß, ein Fuß, ein Arm, ein; und dann kann das entschlummerte Glied — da es in der medicinischen Geschichte gar nicht daran an Exempeln fehlt — am Morgen zum Amputiren gereist da liegen. Deshalb laß' ich mich häufig wecken, damit nichts einschläft.

136) Uebersteigt Ihr Euere Zeit zu hoch, so geht es Euern Ohren (von Seiten der Fama) nicht viel besser, als sinkt Ihr unter solche zu tief; wirklich ganz ähnlicher Weise spürte Charles oben in der Luftkugel, und Halley unten in der Taucherglocke gleichen besondern Schmerz in den Ohren.

Als ich an den Bettpfosten gut angebunden, und endlich unter die Bettdecke gekommen war: wurde ich wegen meines Pontaks Feuertaufe aufs Neue bedenklich und furchtsam vor meinen zu erwartenden Kraft- und Sturm-Träumen — welche leider nachher auch nichts besseres wurden, als Helden- und Potentaten-Thaten, Festungs-Stürme, Felsen-Würfe; — noch aber seh' ich wenig diesen Punkt ärztlich beherzigt. Medicinalräthe und ihre Kunden strecken sich alle ruhig in ihren Betten aus, ohne daß nur einer von ihnen befürchtet oder untersucht, ob ihm ein wüthiger Zorn (zumal wenn er schnell darauf kalt säuft im Traum), oder ein herzzerreißender Harm, was er alles in den Träumen erleben kann, am Leben schade oder nicht. Wär' ich, ich bekenn' es, eine Frau, und mithin weiblich-furchtsam, zumal in guter Hoffnung, ich würd' in letzter über die Frucht meines Schooßes in Verzweiflung sein, wenn ich schliefe und folglich im Traum alle die von medicinischen Polizeien verbotenen Ungeheuer, wilden Bestien, Mißgeburten und dergleichen zu Gesicht bekäme, wovon eine ausreicht (sobald die bestätigte Lehre des Versehens wahr bleibt), daß ich Kreisende mit einem elenden Kinde niederkäme, das ganz aussähe, wie ein Hase, und voll Hasenscharten dazu, oder das eine Löwenmähne hinten hätte, oder Teufelsklauen an den Händen, oder was sonst noch Mißgeburten an sich haben. Vielleicht wurden manche Mißgeburten von solchem Versehen in Träumen gezeugt.

Nachts kurz vor 12 Uhr erwacht' ich aus einem schweren Traum, um eine für meine Phantasie zu geisterhafte Geister-Geschichte zu erleben. Mein Schwager, der sie mir eingebrockt, verdient für seine ungesalzene Kocherei, daß ich ihn Euch als den Braumeister des schalen Gebräudes ohne Schonen nenne. Wäre Argwohn mit Unerschrockenheit verträglicher: so hätte ich vielleicht schon aus seinem

---

26) In der Jugend sieht man, wie ein eben operirter Blindgeborner — und was thut auch der Geburtshelfer oder die Geburtshelferin anders als operiren — die Ferne für die Nähe an, den Sternenhimmel für greifbares Stubengeräthe, die Gemälde für

Sittensprüche über dergleichen unterwegs, so wie aus dem Fortbehalten seines Nebenzimmers, an dessen Mittelthüre mein Lager stand, leicht Alles geschlossen. Mir war nämlich, als würd' ich angeblasen von einem kalten Geister-Athem, den ich auf keine Weise aus den entfernten und versperrten Fenstern herzuleiten vermochte; — worin ich's denn auch traf, denn der Schwager hatt' ihn aus einem Blasebalg durchs Schlüsselloch eingeschickt. Alles Kalte bringt in der Nacht auf Todes- und Geister-Kälte. Ich ermannte mich aber und harrte — nun fing gar das Deckbette an, sich in Bewegung zu setzen — ich zog es an mich — es wollte wieder weiter — behend setz' ich mich plötzlich im Bette auf und rufe: was ist das? — Keine Antwort, überall Stille im Gasthof — das ganze Zimmer voll Mondschein — Jetzt hob sich mein Zugpflaster, das Deckbett, gar empor und lüftete mich, wobei mir war wie Einem, von dem man ein Pflaster schnell abhebt. Nun that ich den Rittersprung aus dem Teufels-Torus, und zersprengte springend mein Nachtwandlers-Leitseil. „Wo ist der dumme Menschen-Narr, rief ich, der die erhabene unsichtbare Geister-Welt nachäfft, die ihm ja auf der Stelle erscheinen kann?" — Aber an, über, unter dem Bette war nichts zu hören und zu sehen. Ich schauete zum Fenster hinaus; überall geisterhaftes Mondlicht und Straßenstille, und nichts bewegte sich als (wahrscheinlich vom Winde) auf dem fernen Galgenberg ein Neugehenkter.

Jeder Andere hätt' es so gut für Selbsttäuschung gehalten als ich; daher wickelte ich mich wieder in mein passives lit de justice und Lustbette ein, darin erwartend, in wie fern ich an Erschrecken erkalten sollte oder nicht.

Nach einigen Minuten fing das Deckbette, der teuflische Fausts-Mantel, sein Fliegen und Schiffs-Ziehen (ich allein war der Verurtheilte) wieder an, der Abwechslung wegen hob auch wieder der unsichtbare Bettaufhelfer empor. Verfluchte Stunde! — Ich möchte wissen, ob es

---

Gegenstände; und die ganze Welt sitzt dem Jüngling auf der Nase, bis ihn, wie den Blinden, mehrmaliges Auf- und Zubinden endlich Schein und Ferne schätzen lehrt.

im ganzen gebildeten Europa einen gebildeten oder ungebildeten Menschen gäbe, der bei so etwas nicht auf Geister-Teufeleien verfallen wäre; — ich verfiel darauf, unter der (sich selber) fahrenden Habe des Deckbettes, und dachte, Berga sei Todes verfahren, und fasse nun noch geistig mein Bette. Dennoch konnt' ich sie nicht anreden, so wenig als den Teufel, der hier einspielen konnte, sondern ich wandte mich blos an Gott, und betete laut: „Dir übergeb' ich mich ganz, Du allein sorgtest ja bisher für mich schwachen Knecht — und ich schwöre, daß ich anders werde." — Ein Versprechen, das dennoch von mir soll gehalten werden, so sehr auch Alles nur dummer Lug und Trug gewesen.

Mein Gebet verfing nichts bei dem unchristlichen Dragoner, der mich einmal im Zuggarn des Deckbetts gefangen hielt — unbekümmert, ob er ein Gastbett zum Parade- und Todtenbette mache oder nicht — Er spann meine Nerven wie Golddraht durch engere Löcher hindurch immer dünner bis zum Verschwenden und Verschwinden, denn das Bette marschierte endlich gar herab bis an die Mittelthüre. —

Jetzt war es Zeit, ohne Umstände erhaben zu werden, und mich um Nichts mehr hienieden zu scheeren, sondern mich dem Tode schlicht zu widmen: „rafft mich nur weg (rief ich, und schlug unbedenklich drei Kreuze), macht mich nur schnell nieder, ihr Geister; ich sterbe doch unschuldiger als tausend Tyrannen und Gottesläugner, denen ihr leider weniger erscheint, als mir Unbeflecktem." Hier vernahm ich eine Art von Lachen, entweder auf der Gasse oder im Nebenzimmer; vor diesem warmen Menschenton blüht' ich plötzlich wie vor einem Frühling an allen Spitzen wieder auf. Ich verschmähte gänzlich die weggehaspelte

---

125) Am Ende muß man noch aus Angst und Noth der wärmste Weltbürger werden, den ich kenne; so sehr schießen die Schiffe als Weberschiffchen hin und her und weben Welttheile und Inseln an einander. Denn es falle heute das politische Wetterglas in Südamerika: so haben wir morgen in Europa Gewitter und Sturm.

Decke, die jetzt von der Thüre nicht mehr wegkonnte; ich legte mich unbedeckt, doch warm und schwitzend genug, bald in den Schlaf. Uebrigens schäm' ich mich nicht im Geringsten vor allen aufgeklärten Hauptstädten — und ständen sie vor mir — daß ich durch meinen Teufels-Glauben und meine Teufels-Anrede einige Aehnlichkeit mit dem größten deutschen Löwen bekommen, mit Luther.

Zweiter Tag in Flätz.

Am Frühmorgen spürt' ich mich aufgeweckt durch das bekannte Zudeckbett; es hatte sich wie ein Inkube auf mich gesetzt; ich gaffte auf; in einem Winkel saß still ein rothes, rundes, kernhaftes, aufgeputztes Mädchen, wie eine volle Tulpe von Lebens=Frische aufgebläht und leise flatternd mit bunten Bändern, gleichsam als mit Blättern. „Wer ist dort, wie kommt man herein?" rief ich halbblind. — „Ich habe dich nur leise zugedeckt und du solltest erst aus-schlafen — sagte Bergelchen — ich bin die ganze Nacht gegangen, damit ich recht früh käme; sieh nur her!" Sie zeigte mir ihre Stiefel, das einzige Reise=Stück (die Achilles=Ferse), das sie vor dem Thore, als sie in der Mauße der Toilette war, nicht hatte abstreifen können. — „Brach — fragt' ich, über ihre um 6 Stunden beschleunigte Nach-kunft um so mehr bestürzt, da ich es die ganze Nacht und selber jetzt über ihr unbegreifliches Hereinkommen ge-wesen — brach etwan frischer Jammer über uns aus und ein, Brand, Mord, Raub?" — Sie versetzte: „der Ratz (sie wollte sagen die Ratte) ist gestern verreckt, dem du so lange nachgestellt; weiter passirte eben nichts." — „Und auch Alles ist richtig nach meinem Ordnungs=Zettel zu Hause besorgt?" — fragt' ich. „Ja wol, versetzte sie, ich

---

19) Leichter, hat man bemerkt, ersteigt man einen Berg, wenn man rückwärts hinauf geht. Dies ließe sich vielleicht auch auf Staats-höhen anwenden, wenn man ihnen immer nur das Glied wiese, womit man sich darauf setzt, und das Gesicht gegen das Volk unten gerichtet hielte, indeß man in Einem fort sich entfernte und höbe.

hab' ihn aber gar nicht gelesen, er ist mir weggekommen, du hast ihn wol mit eingepackt." —

Indeß ich verzieh Alles der blühenden kecken Ritterin oder Fußgängerin. — Ihr Auge, dann ihr Herz brachte mir ja frisches kühles Morgenwehen mit Morgenroth in meine schwülen Vorstunden. Auch mußt' ich ja ohnehin nachher der freundlichen ins Leben hineinhoffenden und hineinliebenden Seele den verdienten Himmel des heutigen Tages mit der trüben Nachricht der fehlgeschlagnen Professur verfinstern. Daher vergab und verschob ich möglichst. Ich fragte, wie sie hereingekommen, da noch das ganze spanische Reiter-Werk von Sesseln an der Thüre feststehe. Sie lachte, sich dabei nach Dorfsitte bückend, stark und sagte: sie hätte es vorgestern mit ihrem Bruder verabredet, daß er sie durch seine Stube, da sie meine Sperr-Vorsicht kennte, in meines einließe, damit sie mich heimlich wecken könnte. Jetzt fuhr der Dragoner laut lachend ins Zimmer und sagte: „Wie geschlafen, Herr Schwager?"

Aber auf diese Weise war mir freilich die halbe Gespenster-Geschichte wie von einem Biester und Hennings aufgelöset und aufgedeckt; und ich durchschauete sogleich des Dragoners ganzen Gespensterplan, den er ausgeführt. Etwas bitter sagte ich ihm meine Vermuthung, und der Schwester meine Geschichte. Aber er log und lachte, ja er versuchte noch frech genug, mir am hellen Morgen Geister zum zweiten Male weiß zu machen und aufzuhalsen. Ich versetzte kalt, an mir find' er hierin sehr den unrechten Mann; gesetzt auch, ich wäre einem Luther, Hobbes, Brutus ähnlicher, die sämmtlich Geister gesehen und gefürchtet. Er erwiderte — und riß die Thatsachen aus ihrer Mo-

---

26) Wenige deutsche Gelehrte sind nicht originell, wenn man anders (wie wenigstens aller Völker Sprachgebrauch ist) jedem Originalität zusprechen darf, der blos seine eignen Gedanken auftischt und keine fremden. Denn da zwischen ihrem Gedächtniß, wo das Gelesene oder Fremde wohnt, und zwischen ihrer Phantasie oder Erzeugungskraft, wo das Geschriebene und Eigne entsteht, ein hinlänglicher Zwischenraum und die Grenzsteine so gewissenhaft und fest gesetzet sind, daß nichts Fremdes ins Eigne und umgekehrt

tivirung: — „er sage ja weiter nichts, als daß er Nachts irgend einen armen Sünder ganz erbärmlich habe krächzen und lamentiren hören; und daraus habe er geschlossen, es sei eine arme desperate Nachtmütze von Mann, der ein Gespenst zusetze." Endlich gingen auch seiner Schwester die Augen über die gemeine Rolle auf, die er mit mir zu spielen vorgehabt; sie fuhr ihn derb an, schob ihn mit zwei Händen aus meiner und seiner Thüre schnell hinaus, und rief nach: „Warte, du Schadenfroh, ich gedenk' dir's!" Darauf kehrte sie schnell sich um, und fiel mir um den Hals und dabei am falschen Ort ins Lachen, und sagte: „Der dumme Junge! Aber ich konnte das Lachen nicht mehr verbeißen; und der Narr soll doch nichts merken. Vergib dem Pinsel, du als ein gelehrter Mann, seine Eselei."

Ich fragte sie, ob sie auf ihrer Nachreise auf keine Geisterwelt gestoßen sei — wiewol ich wußte, daß ihr Thiere, ein Wasser, ein halber Abgrund nichts sind; — nein, aber vor den geputzten Stadtleuten, sagte sie, habe sie sich am Morgen gescheuet. O wie lieb' ich diese weichen Harmonikas-Bebungen weiblicher Furcht!

Endlich mußt' ich den Coloquinthen-Apfel anbeißen oder anschneiden und ihr die Hälfte davon zureichen, nämlich die Nachricht der Fehlbitte um die Professur. Da ich aber das freudige Herz mit der vollständigen rohen Wahrheit verschonen, und einer schweren Fracht etwas abschneiden mußte, die sich besser Männerschultern aufpackt, so begann ich: „Bergelchen, die Professors-Sache geht einen andern, aber an sich guten Gang — der General, nach welchem ich den Teufel und seine Großmutter frage, legt es auf einen Generalsturm an — und den soll er haben,

---

herüber kann, so daß sie wirklich hundert Werke lesen können, ohne den Erdgeschmack des eignen einzubüßen oder dasselbe sonst zu ändern: so ist, glaub' ich, ihre Eigenheit bewährt: und ihre geistigen Nahrungsmittel, ihre Plinzen, Laibe, Krapfen, Kaviare und Suppenkugeln werden nicht, wie nach Büffon die körperlichen, zu organischen Kügelchen der Erzeugung, sondern erscheinen rein und unverändert wieder. Oft denk' ich mir solche Gelehrte als lebendige, aber tausend Mal künstlichere Entriche von Vaukansons

so gewiß als ich die Nachtmütze aufhabe." — „So bist du also noch Nichts geworden?" fragte sie. „Vor der Hand zwar nicht!" versetzt' ich. „Aber doch bis Sonnabends Abends?" sagte sie. „Das nicht", sagt' ich. „Nun so bin ich hart geschlagen, und ich möchte zum Fenster hinausspringen", sagte sie, und drehte das Rosen= und Morgengesicht weg, um die feuchten Augen darin mir nicht zuzukehren, und schwieg sehr lange. Dann fing sie mit schmerzhaft zitternder Stimme an: „Du großer Heiland, stehe mir am Sonntag in Neusattel bei, wenn mich die hochtrabenden vornehmen Weiber in der Kirche sehen und ich blutroth werde aus Scham!" —

Jetzt sprang ich im Mitjammer aus dem Bette vor die liebe Seele hin, der die hellen Zähren über die schönblühenden Wangen flossen und rief: „Du treues Herz, zermartre mich doch nicht so ganz! Gott soll mich strafen, wenn ich nicht noch in den Hundstagen Alles werde, was du nur willst — Sprich, willst du Bergräthin werden, oder Bauräthin, oder Hofräthin, Kriegsräthin, Kammerräthin, Commerzienräthin, Legationsräthin, oder des Henkers= und Teufels=Räthin: ich bin dabei und werb' es und such' an. Morgen schick' ich reitende Boten nach Hessen und Sachsen, nach Preußen und Reußen, nach Friesland und Katzen=Ellenbogen und begehre Patente. Ja ich treib's weiter als Einer, und werbe zugleich Alles, Flachsenfinger Hofrath, Scheerauer Accisrath, Haar=Haarer Baurath, Pestitzer Kammerrath (denn wir haben das Geld) und stelle dann allein und eigenhändig mit einem einzigen Podex und Corpus eine ganze Rathssitzung von auserlesenen Räthen vor — und stehe als eine ganze Ehrenlegion und ein Ehrengelag blos auf zwei Beinen da — Dergleichen hat noch kein Mensch gethan."

<hr>

Kunst=Ente aus Holz. Denn in der That sind sie nicht weniger künstlich zusammengefugt als diese, welche frißt und den Fraß hinten wieder zu geben scheint — zarte Nachspiele der Ente, welche unter dem Schein, die Kost in Blut und Saft verwandelt zu haben, blos einen vom Künstler im Hinterleibe trefflich vorgerüsteten Auswurf, der mit Speise und Verdauung gar nicht zusammen hängt, illusorisch in die Welt setzt und drückt.

„O! Nun du bist ja engel=gut! (sagte sie und frohere Zähren rollten), du sollst mir selber rathen, was die vornehmsten Räthe sind, damit wir's werden." — „Nein, fuhr ich befeuert fort, dabei bleib' ich nicht einmal; mir ist's nicht genug, daß du dich ordentlich bei der Caplänin kannst als Bauräthin melden lassen, bei der Stadtpredigerin als Legationsräthin, bei der regierenden Bürgermeisterin als Hofräthin, bei der Chausseeeinnehmerin als Commerzienräthin, oder wie du wo willst" — „Ach du mein gar zu gutes Attelchen!" sagte sie. „Sondern (fuhr ich fort) ich werde auch correspondirendes Mitglied verschiedner besten gelehrten Gesellschaften in verschiedenen besten Hauptstädten (worunter ich blos zu wählen habe), und zwar kein gemeines wirkliches Mitglied, sondern ein ganzes Ehren=Mitglied; und dann streck' ich wieder dich als ein auf mir Ehrenmitglied wachsendes Ehrenmitglied aus."

Verzeiht, Freunde, diesen Breiumschlag oder Täuschungs-Balsam für eine verwundete Brust, deren Blut zu rein und köstlich ist, als daß man es nicht mit allen möglichen Stillungs=Mitteln aus Spinnweben ins schöne Herz zurückzuschließen trachten sollte.

Jetzt kamen schöne, schönste Stunden. Ich hatte die Zeit besiegt wie mich und Berga; selten beseligt, so wie ich, ein Sieger zugleich die überwindende und die überwundene Partei. Berga holte ihren alten Himmel zurück, und zog die staubigen Stiefel aus, und blumige Schuhe an. Köstlicher Morgentrunk! Wie berauscht ein liebendes Herz! Ich spürte ordentlich (ist die niedere Rede=Blume erlaubt) ein Doppel=Bier von Muth in mir, seitdem ich ein Wesen mehr um mich zu beschirmen hatte. Ueberhaupt werd' ich — was der treffliche General nicht ganz zu wissen scheint — nicht wie Andere durch Muthige muthiger, sondern am stärksten durch Hasen, weil an mir das schlechte Beispiel sich zum Widerspiel umdreht. Kleine

---

15) Nach Aehnlichkeit der schön polierten englischen Einlegmesser gibt's auch Einleg=Kriegsschwerter, oder — mit andern Worten — Friedensschlüsse.

Pinselstriche mögen hier Mann und Frau mehr abschatten als verschatten! Als der nette Kellner mit der grünseidenen Schürze Morgenbrezeln herauf brachte — weil ich gesagt hatte: Johann, zwei Portionen! — so sagte sie zu ihm: er verbände sie sehr damit, und hieß ihn Herr Johann. —

Bergelchen — mehr in Marktflecken als Hauptstädten aufgewachsen — wurde ordentlich bestürzt über die Kaffeebreter, Waschtische, Papiertapeten, Wandleuchter, alabasterne Schreibzeuge mit ägyptischen Sinnbildern und über den vergoldeten Klingel=Drahts=Knopf, den ja Jeder abbrehen und einstecken konnte. Daher hatte sie nicht den Muth, durch den Saal voll Kronleuchter zu gehen, blos weil ein pfeifender vornehmer Federhut darin auf= und abspazierte. Ja ihrem armen Herzen wurde ordentlich die Brust zur Schnürbrust, wenn sie zum Fenster hinaus auf so viele geputzte und fahrende Städter guckte (ich pfiff frisch ein gaskonisches Liedchen darunter hinein) — und wenn sie daran dachte, wie sie nachher sammt mir mitten durch dieses blendende Vorzimmer=Gewühl brechen müßte. Hier verfangen Schlüsse noch weniger als Beispiele. Ich wollte mein Bergelchen durch einige meiner nächtlichen Traum=Gigantesken heben — z. B. durch die, daß ich auf einem Wallfisch reitend mit einer Dreizacks=Gabel drei Adler

---

13) Omnibus una salus sanctis, sed gloria dispar; das heißt — schrieben sonst die Gottesgelehrten — nach Paulus haben wir im Himmel alle dieselbe Seligkeit, aber verschiedene Ruhm=Stufen. Schon auf der Erde finden wir im Himmel der Schriftstellerwelt ein Vorbild davon. Nämlich die Seligkeit der von der Kritik seliggesprochenen Autoren, der genialen, der guten, der mittelmäßigen, der geistesarmen, ist bei allen die nämliche, sie machen sämmtlich im Ganzen fast einerlei Cameral=Glück, denselben schwachen Profit. Aber Himmel, was hingegen Nach=Ruhms=Staffeln anlangt, wie tief wird nicht — ungeachtet des nämlichen Honorars und Absatzes — schon bei Lebzeiten ein sogenannter Duns unter ein Genie hinabgestellt! — Wird nicht oft ein geistesarmer Autor in Einer Messe vergessen, indeß ein geistreicher oder gar ein genialer durch fünfzig Messen durchblüht und so erst sein 25jähriges Jubiläum feiert, bevor er

gespießet und gespeist, und durch mehr dergleichen; — aber ich machte keinen Effect, vielleicht weil ich eben dadurch dem furchtsamen Frauenherzen das Schlachtfeld näher als den Sieger, den Abgrund näher als den Springer darüber vor das Auge geschoben.

Jetzt wurde mir ein Pack Zeitungen gebracht, voll lauter kräftigster Siege. Obgleich diese nur auf der einen Seite vorfallen, und auf der andern eben so viele Niederlagen vorkommen: so verquicken doch jene sich mehr mit meinem Blute als diese, und flößen mir — wie sonst Schillers Räuber — eine wunderbare Neigung ein, irgend Jemand auf der Stelle zu dreschen und zu fegen. Unglücklicherweise für den Kellner hatte dieser sich eben, wie ein Heer dreimalige Klingel-Ordre zum Marsche geben lassen, bevor er sich mobil und herauf gemacht. „Herr" — fing ich an, den Kopf voll Schlachtfelder, und den Arm voll Triebe, ihn abzuklopfen, und Berga fürchtete Alles, da ich das ihr bekannte Zorn- und Allarmzeichen gab, nämlich die Mütze hinten am Hinterkopfe in die Höhe stieß — „ist das Manier gegen Gäste? Warum kommt Er nicht prompt? Komm' Er mir nicht wieder so und geh' Er, Freund!" — Ungeachtet sein Rückzug mein Sieg war, so kanonirte ich doch noch auf der Wahlstatt lebhaft fort, und feuerte desto lauter (er sollt' es hören), je mehre Treppen er hinunter geflogen. Bergelchen — die sich ganz entsetzte über mein Ergrimmen, zumal in einem ganz fremden Hause und über einen vornehmen Putzbengel mit

---

spät vergessen untergeht und im deutschen Ruhmtempel eingesenkt wird, der die bekannte Eigenheit der Kirchen des Ordens der **Padri Lucchesi** in Neapel nachahmt, welche bekanntlich (nach Volkmann) unter ihrem Dache eine **Begräbnißstätte**, aber kein **Denkmal** darauf, verstatten.

79) Schwache und verschobene Köpfe verschieben und verändern sich am wenigsten wieder; und ihr innerer Mensch kleidet sich sparsam um; eben so mau'ern Kapaune sich nie.

89) Die Alten heilten sich im Zeiten-Unglück mit Philosophie oder mit Christenthum; die Neuern aber, z. B. in der Schreckenszeit, griffen zur Wollust, wie etwa der verwundete Büffel sich zur Kur und zum Verband im Schlamme wälzt.

Selbenschurz — suchte alle ihre sanften Worte hervor gegen wilde einer Kriegsgurgel, und gab mir Gefahren zu bedenken. „Gefahren, versetzt' ich, wünscht' ich ja eben, nur gibt's keine für den Mann, stets wird er ihnen entweder obsiegen oder entspringen, entweder die Stirn bieten oder den Rücken." —

Ich konnte kaum aufhören, mich zu erbittern, so süß war mir's und so sehr fühlt' ich mich vom Zornfeuer erfrischt, und in der Brust wie von einem Geierselle lind geheizt. Es gehört auch allerdings unter die unerkannten Wohlthaten — worüber man sonst predigte, daß man nie mehr in seinem Himmel und monplaisir (ein Lustschloß) ist, als so recht im Toben und Grimm. Himmel, was könnte nicht ein gewichtiger Mann darin versuchen? Die Gallenblase ist ja für uns die größte Schwimmblase und Mongolfiere, die uns nichts kostet, als ein Paar fremde theils Schimpfworte theils Dummheiten. Und hat denn nicht der einstürmende Luther, mit dem ich mich auf keine Weise vergleiche, in seinen Tischreden bekannt: er predige, singe, bete nie so gut als im Zorn? — Wahrlich, er allein reichte hin, Manchen zum Zorne zu reizen.

Nun wurde der ganze Vormittags-Morgen mit Be-

---

108) Verwundert las ich, der Gruß im Gotthardsthal sei: Allegro! — Denn nie wurd' ich in Wetzlar, in Regensburg, oder Wien anders gegrüßt als: Andante di molto! — zuweilen jedoch: Allegro ma non troppo! — Ja alte Generale grüßten sich oft: Poco vivace. — Ich erkläre mir es daher, daß der Deutsche, wenn alle Völker die **Füße** und **Schuhe** zu ihren Maßen nehmen, lieber mit Sessions-**Steißen** und Hosen abmißt.

181) Gott sei Dank, daß wir nirgends ewig leben als in der Hölle oder im Himmel; auf der Erde würden sonst wahre Spitzbuben aus uns, und die Welt ein Haus von Unheilbaren, aus Mangel der Kurschmidte (der Scharfrichter) und der ableitenden Haarseile (am Galgen) und der Esel- und Eisenkuren (auf Richtstätten). So daß wir also wirklich unsere sittliche Riesenkraft gerade so auf der Schuld der Natur, die wir zu bezahlen haben, beruhend finden, als die Politiker (z. B. der Verfasser des neuen Leviathans) die Uebermacht der Engländer auf deren **Nationalschuld** gestützt erweisen.

schauen und Behandeln verbracht; und zwar am längsten in der breiten Gasse unseres Hotels. Berga sollte sich erst ins Markt-Gedränge einschießen; sie sollte erst einsehen, daß sie mehr „nach der Mobi," mit ihr zu reden, aufgeschmückt sei, als hundert Andere ihres Un-Gleichen. Aber bald vergaß sie über den Haushalt den Anputz, und auf dem Töpfermarkte den Nachttisch.

Ich meines Ortes spielte blos, während ich voll ächter Langeweile sie auf ihren Marktplätzen voll langen Hinab- und Hinaufhandelns umhergeleitete, in mir den verborgnen Weltweisen; ich wog das leere Leben, und das schwere Gewicht, das man darauf legt, und die tägliche Angst des Menschen, daß dasselbe, diese leichteste Flaumfeder der Erde, davon fliege, und ihn befiedere und mitnehme. Diese Gedanken verdank' ich vielleicht den Straßenbuben, die ihre Meßfreiheit dazu anlegten, daß sie auf einander um mich her mit Steinen feuerten; ich dachte mich nämlich dabei lebhaft in einen Mann hinein, der nie im Krieg gewesen, und der also, da er nicht selber erfahren, daß oft tausend Kugeln keinen Einzigen treffen, von so wenigen Steinwürfen doch besorgt, daß sie ihm Nase und Auge einschießen. O das Schlachtfeld allein säet, düngt und bildet Muth, sogar gegen die täglichen, häuslichen und kleinsten Gefahren. Denn erst, wenn er aus dem Schlachtfeld kommt, da singt und kanonirt der Mensch dem Kanarienvogel gleich, der, obwol so melodisch, so scheu, so

---

63) Die, welche vom Völker-Lichte Gefahren befürchten, gleichen Denen, die besorgen, der Blitz schlag' ins Haus, weil es Fenster hat; da er doch nie durch diese, sondern nur durch deren Blei-Einfassung fährt oder an der Rauchwolke des Schornsteins herab.

76) Die ökonomische predigende Poesie glaubt wahrscheinlich, ein chirurgischer Steinschneider sei ein artistischer; und eine Kanzel oder ein Sinai sei ein Musenberg.

115) Nach Smith ist die Arbeit der allgemeine Maßstab des cameralen Werths. Dies haben aber, wenigstens in Bezug auf geistigen und poetischen Werth, die Deutschen noch früher eingesehen und meines Wissens stets den gelehrten Dichter über den genialen und das schwere Buch voll Arbeit über das flatternde voll Spiel gesetzt.

klein, so zart, so einsam, so weichfedrig, gleichwol dahin abzurichten ist, daß er Kanonen — wenn auch von kleinerem Kaliber — abfeuert.

Nach dem Mittags-Essen (auf unserem Zimmer) kamen wir aus dem Fegfeuer des Meßgetümmels, wo Berga an jeder Bude etwas zu bestellen und ihrer Nachtreterin etwas aufzuladen hatte, endlich im Himmel an, in der sogenannten Hunde-Wirthschaft, wie das beste Flötzer Wirths- und Lust-Haus außer der Stadt sich nennt, wo Messens-Zeiten Hunderte einkehren, um Tausende vorbeigehn zu sehen. Schon unterwegs wuchs meinem Weibchen als meinem Ellenbogen-Epheu dermaßen der Muth, daß sie unter dem Thore, wo ich mich, da nach der bekannten militärischen Proceßordnung nicht nahe an der Schildwache vorübergegangen werden darf, deßhalb auf die entgegengesetzte Seite hinwarf, ruhig dicht am Schieß- und Stech-Gewehr der Thorwache vorüberstrich. Draußen konnt' ich ihr den umketteten, vergitterten, riesenhaften, schon außen mit Treppen aufsteigenden Schabacker-Palast mit Fingern zeigen, worin ich gestern gehauset und (vielleicht) gestürmt; „lieber den Riesen möcht' ich begucken, sagte sie, und den Zwergen; zu was sind wir denn mit ihnen unter Einem Dach?"

Im Lusthause selber fanden wir hinlängliche Luft, umrungen von blühenden Gesichtern und Auen. Da setzt' ich mich heimlich in Einem fort über Schabackers Refus

---

4) Der Heuchler kehret die alte Methode, wonach man mit einem nur an einer Schneiden-Seite vergifteten Messer die Frucht zerschnitt und die damit geätzte Hälfte dem Opfer hinreichte und die gesunde zweite selber aß, so uneigennützig gegen sich selber um, daß er gerade die gute moralische Hälfte und Seite dem Andern zeigt und gibt und nur sich die giftige vorbehält. Himmel, wie schlecht erscheint einem solchen Manne gegenüber der Teufel!

66) Wenn die Bemerkung des Verfassers der Glossen richtig ist, daß die Postmeister in den größern Ländern zugleich auch die gröbern sind: so hat Napoleon, der viele kleine Länder zu Einem großen korinthischen Erze zusammen schmolz und brannte, die Postmeister und Posthalter, z. B. im höflichen Sachsen, gewiß nicht noch höflicher gemacht, sondern sie eher aus der Com-

mit Erfolg hinweg und machte mir überhaupt bis gegen Mitternacht einen guten Tag; ich hatt' ihn verdient, Berga noch mehr. Gleichwol sollt' ich noch Nachts um 1 Uhr eine Windmühle zu berennen bekommen, die freilich mit etwas längern, stärkern und mehreren Armen schlägt als ein Riese, wofür Don Quixote eine solche Mühle gern angesehen hätte. Ich lasse nämlich auf dem Marktplatz aus Gründen, die sich leichter denken als sagen, Bergelchen um einige zwanzig Schritte vorausgehen, und begebe mich aus gedachten Gründen ohne Arg hinter eine versteckte Bude, die wol die Silberhütte und der Silberschrank eines rohen Krämers sein mochte, und verweile davor natürlich nach Umständen: — sieh', kommt daher gerudert mit Spieß und Speer der Budenwächter und münzt und prägt mich so unversehends und unbesehen zu einem Schnapphahn und Raubfisch seiner Buden-Gassen aus, obgleich der schwache Kopf nichts weiter sieht, als daß ich in einer Ecke stehe, und nichts weniger thue als — nehmen. Ein Ehrgefühl ohne Callus ist für solche Angriffe niemals abgestumpft. Nur aber, wie war einem Manne, der nichts im Kopfe hat — höchstens jetzt Bier statt Hirn — in der Nachmitternacht Licht zu geben? —

Ich verhehle mein Wag=Mittel nicht; ich griff zum Fuchsschwanz, ich spiegelte ihm nämlich vor, ich hätte einen sogenannten Hieb, und wüßte in der Betrunkenheit mich schlecht zu finden und zu halten — ich spielte daher Alles nach, was mir aus diesem Fache zu Gesicht gekommen,

---

plimentirschule herausgeschickt. Was sie indeß an Höflichkeit verloren, gewinnen sie vielleicht an Briefporto wieder, da ich mir nicht denken kann, daß der Cardinal Protettore del S. Imperio, dessen Briefe bekanntlich sonst alle postfrei durch das h. römische Reich gelaufen, nicht jetzt Alles frankiren sollte, was er etwa zu melden hat.

67) Einzelne Seelen, ja Staatskörper gleichen organischen Körpern; zieht man aus ihnen die innere Luft heraus, so erquetscht sie der Dunstkreis; pumpt man unter der Glocke die äußere widerstehende hinweg: so schwellen sie von innerer über und zerplatzen. Demnach behalte jeder Staat innern und äußern Widerstand zugleich).

schwankte hin und her, setzte die Füße tanzmeisterlich auswärts, gerieth in Zickzacke hinein bei allem Aussegeln nach gerader Linie, ja ich stieß meinen guten Kopf (vielleicht einen der hellsten und leersten der Nacht) als einen vollen gegen wahre Pfosten — —

Gleichwol sah der Buben-Vogt, der vielleicht öfter betrunken gewesen als ich, und die Zeichen besser kannte, oder der es gar selber in dieser Stunde war, die ganze Verstellung für bloses Blendwerk an, und schrie entsetzlich: „Halt, Strauchdieb, du hast keinen Haarbeutel, du Windbeutel bist ja noch weniger besoffen als ich! — Wir kennen uns wol länger. Steh! Ich komm' dir nach. Willt du im Markt deine Diebsfinger haben? — Steh', Hund, oder ich forcire dich!"

Man sieht hier seinen ganzen Zustand; ich entsprang zickzackig zwischen den Buben diesem rohen Trunkenbolde so eilig als ich konnte; dennoch humpelte er mir nach. Aber meine Teutoberga, die Einiges gehört, rannte zurück, faßte den betrunkenen Markt-Portier beim Kragen, und sagte, obwol (nach Dorfweise) zuschreiend: „Dummer Mann, schlaf' Er seinen Rausch aus, oder ich zeig's Ihm! Weiß Er denn, wen Er vor sich hat? Meinen Mann, den Feldprediger Schmelzle unter dem Herrn General und Minister von Schabacker bei Pimpelstadt, Er Narr! Pfui, schäm' Er sich, Kerl!" Der Wächter brummte: „nichts für ungut!" und taumelte davon. „O du Löwin, sagt' ich im

---

19) Mehr als ein Schriftsteller hat es hinter Hermes nachversucht, das Beispiel der Gattinnen und Aerzte, welche einem Trunkenbold das Lieblingsgetränk auf immer durch einen eingeschwärzten krepirten Frosch oder durch Brechweinstein zu verleiden wußten, nachzuahmen und auf ähnliche Weise dem heißhungrigen Romanen-Leser den Roman durch häufige in denselben eingebrockte Predigten, Moralien und Langeweilen (dergleichen sollte krepirte Frösche vorstellen) dermaßen zu versalzen und zu verekeln, daß er dann nach keinem Romane mehr griffe — — Aber der Esel verfing wenig; und Hermesen selber glückt' es am wenigsten; eher noch seinen Nachfolgern, bei denen der Wein sich weniger im Geschmacke von dem Brechwein unterschied, den sie dazu gegossen.

Liebes-Rausch, warum bist du in keiner Todesgefahr, damit ich dir nun den Löwen zeigte als Gemahl?"

So gelangten wir beide liebend nach Hause; und ich hätte vielleicht zum schönen Tage noch den Nachsommer einer herrlichen Nachmitternacht erlebt, hätte mich nicht der Teufel über Lichtenbergs neunten Band und zwar auf die 206te Seite geführt, wo dieses steht: „Es wäre doch möglich, daß einmal unsere Chemiker auf ein Mittel geriethen, unsere Luft plötzlich zu zersetzen, durch eine Art von Ferment. So könnte die Welt untergehen." Ach, ja wahrlich! Da die Erdkugel in der größern Luftkugel eingekapselt steckt: so erfinde blos ein chemischer Spitzbube auf irgend einer fernsten Spitzbubeninsel, oder in Neuholland, ein Zersetz-Mittel für die Luft, dem ähnlich, was etwa ein Feuerfunke für einen Pulverkarren ist: in wenig Stunden packt mich und uns in Flätz der ungeheuere herschnaubende Weltsturm bei der Gurgel, mein Athemholen und dergleichen ist in der Erstick-Luft vorbei, und Alles überhaupt. — Die Erde ist ein großer Rabenstein mit Galgen geworden, wo sogar das Vieh krepiret — Wurm- und Wanzenmittel, Bradleysche Ameisenpflüge und Rattenpulver und Wolfstreiben und Viehsterbekasten sind im Welt-Schwaben, im Welt-Sterb dann nicht sonderlich mehr vonnöthen, und der Teufel hat Alles geholt in der Bartholomäus-Nacht, wo man das verfluchte „Ferment" zufällig erfunden.

Indeß verbarg ich der treuen Seele jeden Todes-Nacht-Gedanken, da sie mich doch entweder nur schmerzlich nachempfunden oder gar lustig ausgelacht hätte. Ich befahl blos, daß sie am Morgen (des Sonnabends) für die zurückkehrende Landkutsche fertig und gestiefelt bastände, sollt' ich anders ihren Wünschen gemäß an die Ueberschwängerung mit Räthen, die ihr so am Herzen lag, früh genug kommen. Sie war so freudig meiner Meinung, daß

---

8) In großen Sälen wird der wahre Ofen in einen zierlichen Schein-Ofen verlarvt; so ist es schicklich und zierlich, daß sich die jungfräuliche Liebe immer in eine schöne jungfräuliche Freundschaft verberge.

sie gern den Jahrmarkt aufgab. Auch ruht' ich ruhig, mit der Fußzehe an ihre Finger geknüpft die ganze Nacht hindurch.

Der Dragoner nahm und zupfte mich am Morgen heimlich beim Ohre und sagte mir in dasselbe hinein, er habe ein lustiges Meßgeschenk für seine Schwester vor, und reite deshalb auf seinem gestern vom Roßtäuscher eingetauschten Rappen etwas früh voraus. Ich bot ihm meinen Vor=Dank.

Am Morgen lief Jeder lustig vom Stapel, ausgenommen ich; denn ich behielt noch immer, auch vor dem besten Morgenrothe, das nächtliche Teufels=Ferment und Zersetz=Mittel, meiner Gehirn=Kugel sowol als der Erd=Kugel, gährend im Kopf; ein Beweis, daß die Nacht mich und meine Furcht gar nichts hatte übertreiben lassen. Der mir verdrießliche blinde Passagier setzte sich auch wieder ein, und sah mich wie gewöhnlich an, doch ohne Effect: denn dießmal, wo ich Welt=Umwälzungen, nicht blos die meinigen, im Kopfe hatte, war mir der Passagier mehr ein Spaß und Spuk; da Niemand unter Fuß=Absägen das Herz=Gespann verspürt, oder unter dem Summen der Kanonen sich gegen das der Wespen wehrt, eben so konnte mir ein Passagier mit allen Brandbriefen, die etwa sein verdächtiges Gesicht in meine noch späte Zukunft wirft, blos lächerlich zu einer Zeit vorkommen, wo ich bedachte, das „Ferment" könne ja mitten auf meinem Wege von

---

12) Die Völker lassen — als Widerspiele der Ströme, die in der Ebene und Ruhe am meisten das Unreine niederschlagen — gerade nur im stärksten Bewegen das Schlechte fallen, und sie werden desto schmutziger, je länger sie in trägen platten Flächen weiter schleichen.

23) Wenn die Natur das alte große Erdenrund, den Erden=Laib, von neuem durchknetet, um unter diesen Pasteten=Deckel neue Gefüllsel und Zwerge hinein zu backen: so gibt sie meistens, wie eine backende Mutter ihrem Töchterchen, zum Scherze etwas weniges Pastetenteig davon (ein Paar tausend Quadratmeilen solchen Teigs sind genug für ein Kind) irgend einer Dichter=, oder Weisen=, oder Heldenseele ab, damit das kleine Ding doch auch etwas auszuformen und aufzustellen habe neben der Mutter. Bekommen dann die Geschwister

Flätz nach Neusattel von irgend einem Amerika's, Europa's Manne, der ganz unschuldig versucht und zersetzt, zufällig erfunden und losgelassen werden. Die Frage, ja Preisfrage wäre aber nun, inwiefern es seit Lichtenbergs Drohung nicht etwa welt- und selbstmörderisch aussieht, wenn aufgeklärte Potentaten scheidekünstlerischer Völker es nicht ihren Scheidekünstlern, die so leicht Leib von Seele scheiden, und Erde mit Himmel gatten, auferlegen, keine andere chemische Versuche zu machen, als die schon gemachten, die doch bisher den Staaten weit mehr genützt, als geschadet.

Leider blieb ich in diesen jüngsten Tag des Ferments mit allen Sinnen versunken, ohne auf der ganzen Rückreise nach Neusattel mehr zu erleben und zu bemerken, als daß ich daselbst ankam, wo ich zugleich wieder den blinden Passagier seines Weges gehen sah.

Nur mein Bergelchen schauete ich in Einem fort unterwegs an, theils um sie noch so lange zu sehen, als Leben und Augen dauern, theils um auch bei kleinster Gefahr derselben, es sei nun eine große, oder gar ein ganzes hereinstürzendes Goldau und verzehrendes Welt-Gericht, wenn nicht für sie, doch an ihr zu sterben, und so verknüpft mit ihr, ein geplagtes und plagendes Leben hinzuwerfen, worin ihr ohnehin nicht die Hälfte meiner Wünsche für sie erfüllt geworden.

So wäre denn meine Reise an sich vollendet — gekrönt mit einigen Historiolen — vielleicht künftig noch belohnter durch Euch, Ihr Freunde um Flätz herum, wenn Ihr darin etwa einige gutgeschliffene Jätemesser finden solltet, womit Ihr leichter das Lügen-Unkraut ausreutet, das mich bis jetzt dem wackeren Schahacker verbauet —
— Nur sitzt mir noch das verfluchte Ferment im Kopfe.

---

etwas vom Gebäcke des Schwesterchens, so klopfen sie Alle in die Hände und rufen: Mutter, kannst du auch so braten wie Viktorie'chen?

104) Der unendliche Ton- und Feuer- und Bewegungs-Geist wollte, nachdem er ewig lange nichts gesehen als im innern Spiegel sein donnerndes, flammendes, fliegendes Bild, endlich einmal auch

Lebt denn wohl, so lange es noch Atmosphären einzuathmen gibt. Ich wollt', ich hätte mir das Ferment aus dem Kopfe geschlagen.

Euer

Attila Schmelzle.

N. S. Mein Schwager hat seine Sache ganz gut gemacht, und Berga tanzt. Künftig das Nähere! — —

---

ein schönes Still-Leben malen und schaffen; — sieh' da hatt' er auf einmal das Universum gemacht, aber noch immer hängt das Still-Leben vor Gott und er scheint es gern anzusehen, das All.

Beichte des Teufels bei einem großen Staatsbedienten.

Ich hatte vor mehren Jahren das Glück, einen Staatsmann von Belesenheit, von noch mehr Witz, noch stärkerer Phantasie und stärkster Hypochondrie zu kennen, und aus seinem Munde die eingebildete Beichte zu erfahren. Seitdem mußte der kränkelnde Beichtvater mit Tod abgehen — wohin, weiß man nicht, falls nicht der Beichtsohn ihn aus Achtung zu sich abgeholt. Der brave Beichtiger wird im folgenden Beichtzettel nur unter dem Namen „unbescholtener Staatsbediente" aufgeführt, da wol Jeder, der ihn kennt, den Namen ergänzt.

Der Cardinal Richelieu hatte, wie bekannt, seine Stunden, wo er sich für ein Pferd ansah und wie eines trabte und ansprang, und so weiter; kam er wieder zu sich, so wußte er freilich am ersten, wen er dafür zu halten habe, welches Land für sein Trauer-, Pack- und Lehn-Pferd, und welches für sein Freuden- und Paradepferd. In der medicinischen und politischen Geschichte erscheinen dergleichen sieche Staatsmänner voll firer Ideen häufig. Darunter gehörte nun der gedachte Beichtvater des Teufels, der unbescholtene Staatsmann, ebenfalls; langes Sitzen am Sessions- und Schreibtisch und an deren Nachtischen, dem Eß-, Trink- und Spieltisch, und am Ende gar der Abschied und die Ungnade hatten dem Manne vermittelst des Körpers mehr Verstand genommen, als wenige besitzen, und ihn zuletzt ganz toll über Andere gemacht, und dann toll in und für sich selber.

Schon eh' der Verfasser dieses — der, nach neuerer Wort-Spiel-Sucht zu reden, die Beichte einer Beichte beichtet — das Nähere durch den Staatsmann selber erfuhr, kam es früheren Bekannten desselben bedenklich vor, daß er das Talent des Mailändischen Arztes Carban besessen, im Finstern jede Gestalt nicht sowol erblicken zu lassen — was sich mit einem gesunden Staatsmann weit eher vertrüge — als die selber zu erblicken, die er eben sehen und erdichten wollte. Wie oft sah er im Schwarzen der Nacht Schwarze der Goldküste und beklagte seinen — Magen!

Darauf gerieth der — außen plagende, innen geplagte — Mann nach langem Lesen von Legenden um die Goldstücke oder Münz=Köpfe, endlich aufs Lesen der Legenden um die Nimbus= und Glorien=Köpfe.

Wer nun von uns die Legende des Jakobs de Voragine, wie er, in Händen gehabt, erinnert sich leicht daraus, daß die heilige Margaretha den Teufel, der zu ihr (gewiß in keiner frommen Absicht) gekommen war, so lange abprügelte, bis sie ihn dahin brachte, vor ihr seine Ohrenbeichte abzulegen. Sehr weiche Seelen kann vielleicht der Beichtsohn, der Teufel, dauern, der früher zur Pönitenz, als zur Beichte kam, wie man einen Angeklagten stets früher auf die Folter, als zum Bekenntniß bringt; aber der Pein=Rechts=Lehrer weiß, daß man sogar geringe Verbrecher oft, wie durch elektrisches Peitschen, um Wahrheits=Funken halbtodt schlagen muß, bis man nur so viel Licht in der Sache bekommt, daß man sie halb lebendig lassen kann.

Wir kommen auf den unbescholtnen Staatsmann zurück. Einst am Vigilien=Abende seines Geburtsfestes fühlte er sich ungewöhnlich krank und fromm — das Wiegenfest brachte ihn aufs Sargfest — der Schluß, man sterbe am letzten Tage seines eignen Jahres leicht, weil man am ersten desselben geboren worden, leuchtete ihm ein — seinen Tod und den Teufel dachte er sich immer gern beisammen — seine Gabe, im Finstern Beliebiges zu ersehen, wurde reger durch die Scheu davor — — nach so vielen Angst=Gedanken fiel er endlich gar auf die Knie, um wo möglich ins Beten zu gerathen.

Da erschien ihm der Teufel — anständig gekleidet, nämlich (wie es der unbescholtne Staatsbediente auch war) ganz schwarz, als gehe er in Gesellschaft, oder an den Hof, ober zur Beichte — ein schwacher Ordensstern, in Form des Morgensterns oder Lucifers, verzierte den dunkeln Brust=Grund ganz artig — Horn, Huf und Schwanz fehlten natürlich, als zu schwerfällige Krönungs=Insignien, die jeder Fürst überall am Traualtar und Beichtstuhl wegläßt — kurz der Teufel konnte sich im Ganzen sehen lassen.

Der große Staats= und Hofbediente, der ihn leicht erkannte, aber zum Schein, als ob er ihn für etwas Besseres halte, auf den Knieen verblieb, fragte verbindlich, wen er so spät um 12 Uhr das Glück habe, vor sich zu sehen. —

Der Teufel verbeugte sich und hob — weil er einen so ernsten, schwarzen tonsurirten und knieenden Mann am leichtesten für einen Beichtvater halten konnte — an, wie folgt:

„Ehrwürdiger lieber Herr, ich bekenne gern vor Euch, daß ich zwar ein Teufel, aber kein sonderlicher Heiliger bin, sondern nur der beigeordnete Genius eines Staatsmännchens, das ich so und so geleitet habe. Uebrigens bin ich so gut wie die beste Welt, und lasse mich finden. Freilich hat meine Großmutter von ihrem siebenten bis in ihr achtzehntes Jahrhundert (nach Voigts Berechnung) neun Millionen Hexen ins Scheiterhaufen=Feuer gelockt, und sie zu Pulver gebraten für ihre Zähne; wiewol sie sich darüber leicht mit ihrer Vorliebe für das weibliche Geschlecht entschuldigt, das, wie sie sagte, von Niemand so sehr gehasset werde, als von Weibern, sogar von alten. Indeß war die Gute früher bei Jahren als Eva und ich. Ihr Mann, mein guter Großvater, zündete ein tausend acht hundert und sieben Kriegsfeuer an, um sich warm zu halten, durchs Kalt=Machen der Anderen. Sein Enkel, ich, hat durch das große Staatsmännchen, dessen chevalier d'honneur et d'atour ich bin, blos drei Successions=Kriege und anderthalbe Antecessions=Kriege angezündet, und gewiß mehr nicht; denn seine Zünd=Ruthe, der Fürst, war gar zu kurz; — und so geh' ich denn zur Beichte meiner Sünden, die ich weniger begangen als eingegeben, nicht ohne jenes Bewußtsein von Unschuld über, das ein armer Teufel wol mehr braucht als irgend ein anderer.

Ich bekenne, ehrwürdiger an Gottes Statt hierher gesetzter Herr, daß ich, nach der leider wankelmüthigen und vielleicht nicht ganz unverdorbenen Natur der Teufel, mein Staatsmännchen zu leiblichen Verführungen seines Fürsten verführet habe. Es war aber nicht eine Versuchung in der Wüste, sondern eine in der Gesellschaft. In der That bekam das große Staatsmännchen bald — so wie der Muhammed die fallende Sucht, eine steigende, und benutzte sie, wie der Prophet, seine, erträglich; er stieg, wie gute Falken, um zu stoßen. Wenn der Teufel (nach Luther) Gottes Affe ist, so konnte das Staatsmännchen bei seinem Fürsten, als dem göttlichen Ebenbilde, schon nichts weiter werden, als das Affen=Aeffchen.

Ich und das Männchen fanden bald Gründe, warum, wenn nach dem römischen Rechte sogar für den natürlichen Vater die Kinder nur Sachen, aber keine Personen sind, sich dies noch mehr für den Landesvater und dessen Landeskinder reflectire; dies brachte ihn auf mehr Schlüsse. Da nach den Rechten ohnehin kein Vertrag präsumirt wird (schlossen wir beide), so gilt's am stärksten vom wichtigsten contrat social; viel lieber gelte ein Völkerrecht als das Volksrecht, sagten wir drei.

Ich bekenne wol, ehrwürdiger Herr, daß ich freilich durch den Staatsmann den Hof=Zucker, wie jeden Zucker, durch Kriegs=Blut abklärte und raffinirte. Doch wollte ich mich entschuldigen, wollt' ich nicht gerade beichten. Gewiß die meisten Opern, Kriege, Jagden und Concerte wurden blos zum Besten der Armen gegeben, welche dabei augenscheinlich gewannen an Anzahl oder Bevölkerung — ich sorgte durch ihn für die klügere Stimmen=Minderzahl, so daß die gemeine Mehrzahl nichts im Leibe hatte als den Magen — wir beide ließen gegen drei Dichter, die verhungerten, stets Einen Kastraten ersticken am Fett, der sie ab= und nachsang und ersetzte — und wenn wir gerade den Hauptsachen ihren faulen Gang zuließen, so geschah es gewiß nur in der Ueberzeugung, wie schwer ein Mensch zu bessern ist, geschweige ein Land, da man jenen wie eine Saite zu spannen, dieses aber wie eine Glocke gar einzuschmelzen und umzugießen hat, will man sie in einen andern Ton umstimmen. Ich sage, ehrwürdiger Herr, dies könnte ich sagen, wenn ich nicht beichten wollte.

Ich bekenne gern, daß ich den guten Staatsmann vielleicht mehr zur Habsucht angeleitet, als er oder ich wird entschuldigen mögen. Nur ist's schwer anders zu machen; im höhern Stand theilen sich Verschwendung und Geiz in Vater und Sohn; jeder von beiden muß davon eine Rolle übernehmen; so wie entweder der Flachs dem Leindotter, oder dieser jenem aufgeopfert werden muß. Wenn sonst in alten Zeiten der Teufel selber das Geld getragen brachte: so sieht er in den neueren — wo er seinen Freunden nicht anders erscheinen kann, als unsichtbar in ihrem Ich in der Gestalt desselben — sich darauf eingeschränkt, daß er es ihnen blos mit den Händen ihres eignen Leibes geben darf. Und so, ich bekenn' es, reichte ich meinem guten Principal und Staatsbedienten viel Rittergüter, Ehren= und Unehren=Posten und Bank=Capitalien. Sein eigner Principal, den er dabei einzuschläfern hatte, fand sich, wie ein fett=eingeschlafner Dachs, bei dem Erwachen aus dem Winterschlafe abgemagert wieder; aber kann ein Fürst, den so Vieles beunruhigt, die Ruhe des Schlafes zu theuer bezahlen, er, der das Land, d. h. einen Elephanten, als Schooß= und Lieblingsthier tragen muß? — Das Gewissen des Staatsmanns war leichter in Ruhestand zu versetzen; er konnte solches wie der Stockfisch seinen Magen, herausthun und ausleeren und dann wieder zurückschlucken und beladen; ja er bekehrte sich wöchentlich ein paar Mal und versicherte oft, falls er verdammt würde, so sei er so unschuldig, als Einer."

Hier stutzte der Beichtvater des Teufels oder der unbescholtene Staatsbediente etwas, und schüttelte bewegt den Kopf.

„Es ist aber Factum, fuhr der Beichtsohn fort. Noch bekenn' ich, ehrwürdigster Vater, daß ich, sollte der Titel, Vater der Lügen, der meinige bleiben, den Staatsmann zu meinem Sohne und Mantelkind und Erben an Sohnes Statt angenommen. Der blaue Dunst, den wir machten, ging als das größte Blaufarbenwerk im Lande. Indeß blieb er stets ein Freund jeder andern Wahrhaftigkeit und haßte herzlich jede Lüge, die man ihm sagte; denn eben aus Liebe zu Wahrheiten behielt er die seinigen bei sich, wie der Kamtschadale den Tabaksrauch aus Liebe zurückschluckt, und darum sollten Andere die ihrigen vor ihm, wie Deutsche den Rauch, zum Genusse ausblasen, und dadurch mittheilen. Dennoch hatte ein solcher Mann von Wort, von nichts als Wort und Worten, bei Vielen für zweideutig gegolten, ordentlich als wenn ein Mann keine Farbe hielte, der ja eben den ganzen Cour-Abend darauf sinnt, mehr als eine und jede zu haben, und zu halten.

Noch eine und zwar die letzte Sünde, ehrwürdigster alter Pater, möcht' ich fast mit einer Spaßhaftigkeit beichten, die wol zu groß für den Beicht-Stuhl, aber nicht für meine vorige Harlekins-Rolle im alt-deutschen Lustspiel wäre; es betrifft sogenanntes Geschlecht. Was vom vorigen Erobern der Besitzungen gilt, dies gilt wol noch stärker vom Erobern der Besitzerinnen; kein Teufel erscheint einem Manne oder Weibe mehr körperlich als Suc- oder Incube, sondern er fährt in dessen Ich und verdoppelt dasselbe daselbst. Wie es nun jetzt immer zwei und dreißig natürliche Kinder (zum Glücke) gegen einen unnatürlichen Vater gibt: so hatte auch mein Staatsbedienter deren blos in der Residenz 67, vielleicht nach der Zahl seiner Jahre, die Landstädte und Dörfer waren für ihn Filiale oder Töchter — Kirchen."

— Hier (versicherte mich der hypochondrische Staatsbediente) hab' er nicht mehr knien können im Beichtstuhl, sondern den Kopf erhoben, aber der Teufel habe sogleich seinen tiefer gesenkt, und dann mit etwas Lächeln fortgefahren:

„Wie gesagt, Ehrwürdigster, das Staatsmännchen versah als flinker Altarist am Altare der schönsten Meergöttin, der nachherigen Hausfrau des Feuergottes, der nachhinkte, wenn sie vorschwamm, seinen Dienst ganz gut.

Sollt' ich wieder Schuld haben, wie bei der Lüge: so führ' ich wieder an, daß er gleichwol kein lauer, sondern ein so aufrichtiger Freund und Liebhaber jeder weiblichen Unschuld war, als nur der Gott der Nach-Paradiese der ersten Unschuld, nämlich der der Gärten sein kann; denn wahren Heiligen, betheur' ich, setzte der Treffliche nach, bis in die Nonnenklöster hinein, ja eine heilige ewige Jungfrau hätte er ungeachtet seiner Staatslast täglich, wie ein Nikodemus, spät besucht und nur wie dieser den Heiligen-Schein vor den Pharisäern vermieden. Daß ich guter Teufel dies zuließ, ja unterstützte, legt, hoff' ich, Ehrwürdigster, wol am besten meine Absicht dar, und verringert vielleicht die Pönitenz, Pater! Bloße Reliquien einer Heiligen, die bekanntlich schon uns Teufel von jeher verjagten, solche blos todte Knochen und Ueberbleibsel einer hingeschiedenen Jungfrau zogen ihn niemals an, sondern machten ihn kalt; nur die Reinsten sollten sich vor ihm sehen lassen, und der Redliche sagte oft, sie seien gar nicht zu bezahlen, und klagte halb darüber. So sehr wußte er das jungfräuliche Herz zu schätzen, das (so sagt' er in einer passenden Bildnerei) wie ein neugebautes Schiff zum ersten Male in wahre Flammen anschlägt, wenn es auf Walzen ins Weltmeer einrollt, indeß es später im kalten Salz- und Seewasser nur in phosphorescirenden Flammen zieht, die es weder macht noch theilt.

Was des Staatsmannes übernatürliche Kinder anlangt, um die paar ehelichen so zu nennen: so sorgte er eher zu viel und zu landesväterlich für sie, und gab für sie das Land durch verschiedene Auflagen als eine in usum Delphini und Delphinorum heraus; was ich aber fremder Schätzung überlasse." — Hier legte der Beichtvater oder Staatsbediente die Hand an den eignen Kopf, anstatt auf den schuldvollen, der zu absolviren war.

„Dies sind inzwischen meine Sünden, fuhr der Teufel fort, sowol die großen als die größten. Aber ferne sei es von uns beiden, ehrwürdigster Vater, daß ich Sie, die Sie weder Tod- noch Mordsünden kennen, mit Ihrem sehr sichtbaren Schmerz über meine Beichte bestäche zu irgend einer versüßten Pönitenz. — Nein! sondern ich will, um nur recht zu büßen, gerade von hier aus in einen frömmsten Leib und Geist — in Ihren fahren, Herr Pater!"

Weg war der Teufel; und die Ungewißheit seines Aufenthaltes setzte den unbescholtenen Staatsbedienten ordentlich in wahre Verlegenheit. „Es ist in jedem Falle sehr verdrießlich, Bester — fuhr er fort gegen mich in jener hypochondrischen Zweideutigkeit, die vor Anderen sich gern in Muthmaßung verkleiden will — wenn man nach einer so höchst dummen Vision sich in noch dümmern Stunden einbildet, man habe wirklich den Teufel im Leib, Vortrefflichster! Man wird irre an sich selber, wenn man den Exorcismus der Taufe sich sonach wie das Edict von Nantes widerrufen denkt."

Hier ergriff ich die Gelegenheit, dem unbescholtenen Staatsmann meine Achtung zu bezeigen, durch meine leichte Erklärung seiner Erscheinung. Ich ersuchte ihn, sich blos ähnliche Täuschungen aus Moritzens und fast aller Seelenlehrer Magazinen zurückzurufen, worin die unläugbarsten Beispiele reden, daß viele kranke Menschen doppelt gesehen; in diesem Falle habe er, fuhr ich fort, den Trost, daß er blos sich selber für den Teufel genommen, und daß Beicht=Vater und Beicht=Sohn oder die Dreiheit von Staatsmännchen, Staatsbediente und von dem aus beiden ausgehenden bösen Geist nur Ein Wesen gewesen.

Der Greis sann etwas stark darüber nach; als ich aber ihn näher befragte, ob ihm das vermeinte Beichtkind etwas Anderes bekannt, als was er schon gewußt, und ob er nicht selber über frappante Beziehungen stutzig geworden — und da ich ihm vorstellte, daß er Kraft und Witz und Scherz überflüssig besitze, um den Buffo's=Charakter des Teufels in alt=christlichen Mysterien jedes Mal zu souteniren und zu improvisiren — und als ich endlich bemerkte, daß nur die Finsterniß ihn verhindert hätte, die Aehnlichkeit zwischen seiner und der teuflischen Gesichtsbildung wahrzunehmen: so fuhr der Greis, nach einem flüchtigen Ueberrechnen, wie erwachend aus einem schweren Traume, freudig nach meiner Hand und schüttelte sie mit den Worten: Wahrlich, Freund, jetzt haben Sie absolvirt und zwar mich; aber wo hatt' ich meine Augen, Schönster!

Ende.